Spann-stab m.: ‚Gerät der Leinenweber'; 1464 *der den spanstab uffsetzt* FREIB./TH. FRANK 96. – DWb. 10/1, 1914; Els. 2, 567; Fischer 6/2, 3136; Schweiz. 10, 1045.

Spann-statt f.: ‚Platz am und im Fluss, wo die Flöße eingebunden werden', Flößerspr. SCHILTACH/ORTEN. 1941, 208; „die Flöße wurden im fast trockenen Bachbett auf der Sp. eingebunden" HANSJAK.-JB. 2, 142; „vor dem Heubachweiher lag die Sp." eb. 153; „Auf den Spanstätten, wo die Flöße eingebunden wurden" HANSJAK. ERZB. 357. – Vgl. *I Binde 4, Spannplatz.* – Fischer 5, 1480.

Spann-stickel *šbanšdįgl* AUENHM, GRAUELSBAUM. – m.: ‚Stab zum Spannen der → *Reuse*', Fischerspr. FLUCK 322. – Zum Grundwort vgl. → *Stickel.*

Spann-trog *šbandrǫg* N.WEILER, AY, BIRND.; *šbādrǫk* TODTM.; *špātrǫg* WEHR, ROTZGN, WILLARGN; Pl.: *-trǫ̈g* WEHR. – m.: dass. wie → *Hemmschuh* SCHÄUBLE WEHR 138, WILLARGN/UMFR., BIRND./eb. – DWb. 10/1, 1914; Schweiz. 14, 654.

Spann-wagen m.: ‚Gefährt im Sägewerk, auf dem der Stamm dem → *Gatter 5* zugeführt wird' 1932 HÜFGN.

Spänn-weg m.: FlN HILZGN, „Wegebezeichnung im Sinne eines Fahrwegs für Fuhrwerke" E. SCHNEIDER HILZ. 175 (somit also wohl zu → *spannen 1e*); 1561 *1/2 J. am Spennweg stost uff des Spitals gutt von Zell* eb.

Spann-winde *španwində* GUTMADGN. – f.: ‚Teil des Leiterwagens' KRAMER GUTMADGN 278. – DWb. 10/1, 1917 (andere Bed.); Fischer 6/2, 3137.

Span-säule *šbanseįlə* MUDAU; *šbaü*- O.SCHEFFL.; *šbǭ*- O.-WEIER (RAST.), SANDW. – n. (Dim.): dass. wie → *Spanferkel 1* HUMPERT MUDAU 209, G. MÜLLER 35; für O.SCHEFFL. und O.WEIER (RAST.) Anf. des 20. Jh.s als veraltet gemeldet ROEDDER VSPR. 530a, ZFDMU. 1916, 288, dafür eher → *Milchsau.* – Bestimmungsw. zu mhd. *spen* ‚Milch'. – DWb. 10/1, 1917; Els. 2, 315; Fischer 5, 1480; Pfälz. 6, 204; Schweiz. 7, 1509; Südhess. 5, 1118 (tw. u. *-sau*).

Span-schere *špǭšēr* SCHOLLACH. – f.: ‚Schneidewerkzeug zum Abzwicken des Kienspans' KRUPP-KLEISER 166. – Vgl. *Putz-, Lichtputzschere.*

Span-seil(-kette), (-wätle) *špō"sālkét* NEUENHM. – n., (f.): ‚Kette, die zum Fangen von Köderfischen dient', Fischerspr., wurde früher auch nur *špō"sāl* genannt ZFDW. 6, 75; an den beiden Enden befindet sich das *špō"sālwēdl*, Dim. von → *Wate* (‚Netz') eb. – Zu ahd. *spanan* ‚locken, antreiben'?

Spans-gut n.: FlN GUTMADGN, früher Zinsgut der Pfarrei; 1680 *das Spansgut* BAD. FLURN. I 1, 29.

Spän-stock *šbānšdok* ETTHM. – m.: ‚meterhoher Stock, der zum Aufsetzen des → *Lichtspans* dient', 1918 früher üblich eb.

Spante *šbǫndə* EBERB.; *šbantə* REICHENAU. – f.: ‚tragendes Bauteil zur Verstärkung des Rumpfs bei Schiffen, Schiffsrippe' 1949 EBERB., MÖKING 18. – Vgl. *Gebinde.* – DWb. 10/1, 1918 (*Spant*); Rhein. 8, 260.

Spara-fankele „*sparrefänkele*" KARLSR. – Pl.: ‚Geflunker', „angeblich in Karlsr. üblich" ORTEN. 1910, 175. – Wohl Kontamination von *Sparafantel* und *flunkern.*

Spara-fantel, -fanzel *šbarafánd(ə)l* EBERB., Bruhr.; *-fóndl* JÖHLGN; „*-fóndeli*" FORCHHM (KARLSR.); *-fóndələ* BIETIGHM; *šbarafand(ə)l* HEIDELBG, RAPP, PHILIPPSBURG, BRETTEN, PFORZHM, ACHERN; *-fond(ə)l(i)* ÖSTRGN, MÖRSCH; *-fóndələ* KAPPELWI., BÜHLERT.; *-fant* KARLSD.; *-fands(l)* MANNHM, Bruhr., ALTENHM; *-fandele* BADEN-B.; „*Schbarrifondele, -ili*" OTTERSD., ZELL A. H. – m.: **1)** ‚närrischer, überspannter Mensch' SCHWARZ 77. 114, HUMBURGER 173, MEIS. WB. 176a, PFORZHM, DURKART 246, ZIMMERM. HS. 285, Brettener Jb. 1956, 83, BADEN-B./ZFDMU. 1917, 160; *Sparrefandl hotts schunn immer gewe* ODENWALD MPH. 101; ‚Kind, das herumkaspert' MANNHM; ‚Possenreißer, Sprücheklopfer' RITTLER 129, MARX 56; *dés is ā ən šbarafándəl* ‚einer der zu allem lacht und nichts ernst nimmt' EBERB.; ‚eingebildeter Mensch' KARLSD., FITTERER 42; ‚Angeber, Schwindler' BRUHR. 157, DISCHINGER 183, R. BAUMANN 85, RUF 36; *Sparifandili* Titel eines Buches von Philipp Brucker, Lahr 1989; vgl. *Sparglementer.* – **2)** ‚Spinnerei, Blödsinn'; *Mach-mä kāāi Schbarrafändälinn* (Dim. Pl.) ÖSTRGN/DISCHINGER 183. – **3)** ‚Sonderwünsche' SCHMIDER KK 91. – Zu it. *fante di spade* ‚Bube der Schwerter' (Karte im Tarotspiel), in der Lautung des ersten Kompositionsgliedes aber häufig an → *Sparren 1* angelehnt. – Els. 2, 545 (*Sparlefantes*); Fischer 5, 1480; Pfälz. 6, 204 (*Sparafantes*).

sparafanteln schw.: ‚närrisch sein, prahlen'; *Wie schee is, wammer dann und wann als mol so schbarrefandle kann!* 1952 HEIDELBG. – Abl. zu → *Sparafantel.* – Fischer 5, 1481.

Sparafantels-, Sparfunkilis-zeug *šbarəfándelsdsįg* PFORZHM. – n.: ‚närrisches Zeug, Possen'; *sparfunkilisziig mache* ‚Täuschungen, Blendereien vormachen' REICH BAAR. ID. 13.

sparafantlich Adj.: ‚überspannt'; *schbarrafandlich* HOCHSTET. (LINK.)/WAGNER 186. – Zu → *Sparafantel.*

Spara-fanzen Pl.: ‚dumme, faule Witze'; *Schbarrefandsä* OFTERSHM/FREI SCHBR. 153; *Mach kā Fissemadende, kā Sprich, kā Sparefanze* LEHR KURPF.[2] 141f. – Zu → *Sparafantel.* – Pfälz. 6, 204.

sparazlig Adj.: ‚sonderlich, wunderlich' 1932 O.-SCHOPFHM. – Vgl. *eckümig.*

Spar-buch *šbārbųax* FREIAMT. – n.: ‚Dokument zur Kontobewegung auf einem Sparkonto'; Dim.: *Schbarbüchlin* HUMBURGER 185. – DWb. 10/1, 1920; Fischer 5, 1481.

Spar-büchse *šbārbügšə* HETTGN. – f.: ‚Behältnis zur Aufbewahrung von Ersparnissen/Kleingeld'; *D' Sparbix hat ā ihr Loch* EICHRODT 43. – Vgl. *Sparkasse 1.* – DWb. 10/1, 1920; Fischer 5, 1481; Pfälz. 6, 204; Südhess. 5, 1118.

sparen *šbǭrə* WERTHM, verbr. Kurpfalz, um OFTERSHM, vereinz. im Rheintal von AUENHM bis KARSAU; *šbāərn* HETTGN; *šbārnə* O.SCHEFFL.; *šbān, šba'n* HANDSCH., AU A. RH., WEISENB., BERMERSB. (RAST.), FORB.; *šbā'n* O.WEIER (RAST.), ROTENFELS; *šbārə* vereinz. Bruhrain, Kraichgau, um PFORZHM, verbr. Ufgau, nördl. u. mittl. Schwarzwald bis O.MÜNSTERT., um HAUSEN I. T., MEERSBURG, KLUFTERN; *šbārə* verbr. im Rheintal von GREFFERN bis WEIL A. RH., Breisgau, Markgräflerland; *špārə* zwischen Brigach und Breg, Hochschwarzw. um TITISEE, östl. Hotzenwald; *špārə* GERSB., Dinkelberg; *šparə*, *šbarə* verbr. Baar, Klettgau, Hegau, Höri, Bodanrück, um STOCKACH; in MÖHRGN auch *gšparə*; Part.: *gšbārd* WERTHM; *gšbārt* O.SCHEFFL.; *gšbārd* HETTGN; *gšbarət*, *gšp-* GÜTENB., ESCHB. (WALDSH.), KONST. – schw.: **1)** ‚zurücklegen, nicht verbrauchen' ROEDDER VSPR. 530a, MEIS. WB. 175b, LENZ WB. 66b, DISCHINGER 183, FREI SCHBR. 154, LIÉBRAY 277f., BAUR 58, SCHRAMBKE 99, SCHWENDEMANN ORT. 2, 15, KLAUSMANN BR. 17, TWISTE 30, HALL KT. 57, KIRNER 52. 75, JOOS 64, O.WEIER (RAST.)/ZFDMU. 1916, 286; *doo is gšbāārd wordə* ‚da wurde Vorsorge getroffen' PLATZ 301; *Wa si alles gschbaared häb, dehaim* ‚was zuhause alles nicht hätte angeschafft werden müssen' GÜTENB.; *Wenn si vor zwoəhundert Johr āgfangə hettət Kerzəwahs šparə, wär s elektrisch Liəcht trotzdäm kummə*

Kramer Gutmadgn 278; Ra.: man *spart ebbs wie s Zuckerbrot* Urloffen; *Schbaarder doin Oodem, heewen uf for doi Aldi derhoom!*, bei bösem Wortstreit am Biertisch Humburger 154; Sprichw.: *schbar en de Zeit, so hosch en de Nout* Litterer 316, ähnl. Glock Breisg. 32; *schba(r), wann d hosch / no hosch, wann s brauchsch* Litterer 316; *Vun de reiche Leit muß mer s Spare lerne* C. Krieger Kraich. 124, ähnl. Schäuble Wehr 29; erweitert: *Vun de Riche lährt mr Schpare un vun de Arme s Schenke* Schmider KK 2, 40; ähnl.: *Richi Litt lehre dir s Schbaare, armi s Koche* Marx Sp 2; bei übertriebener Sparsamkeit: *Gschbaared wird, egal wa s koschd* Strube Wesch 67; *waß ma schba(r)t em Mund, deß fresse Kazz un Hund* Litterer 316; Sagsprichwort: „*bei de Zindhelzer muß mer's Schbaare ååfänge*", *hot säller gsaat un hot sich soi Fingergibfl verbrennt* ... Humburger 217; Volksglaube: die Krähen schreien: *šbār, šbār!* Mengen; aus einem Vers anlässlich des Scheibenschlagens: *Die Küchlein muss man sparen / Die Nacht ist noch nicht hin!* E. H. Meyer 213. – 2) ,verschonen, erhalten'; *Gott het mer willfahrt ... un het mer en gspart* Hebel 22, 54; *(Gott) spar ich gsund ,... erhalte euch gesund*' Hebel 47, 51; Abschiedsgruß an eine Landstreicherin: *spar uns Gott g'sund* Reich Hieron. 105. – Mhd. *spar(e)n* ,sparen, (ver)schonen, erhalten'. – Weiteres → *Fleck 4, kaibenreich, letz 2a, Leute 1c, Mann I1b, I mausen 1, reich, Schmalz 1a, wenn, Zipfel*; vgl. *ab-, auf-, er-, ver-, vor-, zusammensparen*; vgl. *einteilen 2, hausern, karmeiseln*. – DWb. 10/1, 1921; Els. 2, 545; Fischer 5, 1481; Pfälz. 6, 205; Schweiz. 10, 393; SDS II, 21. 93; Südhess. 5, 1118.

Sparen-berg ON: Zinken O.wangen, auch als *Sporenberg* bez. Krieger 2, 1029.

Sparer *šbārv* Altlusshm, Neulusshm, Schwetzgn; *šbǫvrv, šbǫrv* um Oftershm; *šbārǝ* Östrgn. – m.: ,einer, der Geld zurücklegt, auch bis zum Geiz sparsam ist' Frei Schbr. 154; *Wer weiß ... wie lang der Alte lebt, zudem will ein Sparer ein' Verzehrer haben* Simplic. Continuatio (Scholte) 33; Sprichw.: *Wu e Spare isch, isch a en Vadena* ,wo ein Sparer ist, ist auch ein Verschwender' (vgl. → *Verdehner*) C. Krieger Kraich. 124, ähnl. Litterer 316; *en Schbar(er) braucht en V(er)dän(er)* (zum Ausgleich) eb.; *Jeedä Schbaarä muss aa säin Fädeenä hou* Dischinger 183. – Weiteres → *Scharer, Zehrer*; vgl. *Krätzer*. – DWb. 10/1, 1934; Els. 2, 545; Fischer 5, 1483; Pfälz. 6, 205; Schweiz. 10, 410.

Sparfunkilis-zeug → *Sparafantelszeug*.

Spargel *šbar'ɤl* O.scheffl., Ottenhm; *šbarɤl* Hochstet. (Link.); *šbarg* Handsch.; *šbaiɤl* Oftershm, Plankst.; *šbaišl* Philippsburg; *šbar(i)gl* Östrgn, Rapp., Mörsch; *šbār'gl* Kappelwi.; *šbǫrglǝ, -ǫ-* Breisgau; Pl.: *šbarjǝ* Handsch.; *šbār(i)ɤlǝ, -ǫ-* Auenhm, Münchw., Etthm; *šbār'glǝ* Altenhm; *šbarglǝ* Radolfz., Konst. – m., f. (Handsch., Philippsburg, Rapp., Mörsch, Ottenhm, Kappelwi.): PflN. 1) ,die Gemüsepflanze Asparagus officinalis' Roedder Vspr. 530a, Lenz Wb. 66b, Liébray 277, Meis. Wb. 176a, Wagner 186, Fohrer 195, Burkart 197. 268, Meng 266, Joos 64; 1566 *Spargen* als Schleckerei Pict. Leibs Artz. 41b; *Schwedzingä Schbarrigl* Dischinger 183; *Schparglè schtèchè* Ellenbast 18; *in d' Spaischl gehe* Odenwald MPh. 53; *die Sp., wann sie gut gedingt sinn, grohde* eb. 50; *Sp. mit Pannekuche* eb. 48; Ra.: *in de Sparkel līgǝ* ,in der Ritze zwischen zwei Betten liegen' Lahr. – 2) ,Wiesen-Bocksbart, Tragopogon pratensis' Schwendemann Ort. I, 163, Etthmwlr/Mitteil. 1944, 413; „wird seiner milchigen Stengel wegen roh ausgesaugt oder gegessen" Etthm; vgl. *Habermark, Süßblume*. – 3) ,Hanfwürger, Orobanche ramosa'

Kenzgn, Endgn/ZfdMu. 1913, 319, Mitteil. 1915, 388. – Zu it. *(a)sparago* ,Spargel'. – DWb. 10/1, 1934; Els. 2, 548; Fischer 5, 1484. 6/2, 3137; Marzell 4, 745; Pfälz. 6, 205; Schweiz. 10, 488; Südhess. 5, 1120.

Spargel-fest n.: ,Veranstaltung mit Festumzug zu Ehren des Spargels' 1927 Schwetzgn. – Pfälz. 6, 206.

Spargel-gemüse n.: ,Gericht mit kleinen Spargelstücken'; *Schbarriglgmüs* Östrgn/Dischinger 183. – Pfälz. 6, 206; Südhess. 5, 1121.

Spargel-kraut n.: ,Blattwerk des Spargels', wächst nach Beendigung der Ernteperiode am 20. Juni, wird im Herbst abgemäht und verbrannt; *schbarglgraud* Hochstet. (Link.)/Wagner 186. – DWb. 10/1, 1937.

Spargel-messer *šbarɤlmęsv* Hochstet. (Link.). – n.: ,zum Stechen des Spargels verwendete Klinge', früher wurde die Spitze eines alten Sensenblattes zu einem *S.* umgearbeitet Wagner 186. – Südhess. 5, 1121.

Spargel-salat m.: ,kaltes Gericht (→ *Salat 1a*) aus Spargeln'; *Schbarriglsalaad* Östrgn/Dischinger 183. – DWb. 10/1, 1937; Pfälz. 6, 206; Südhess. 5, 1121.

Spargel-storzel m.: dass. wie → *Spargelstumpen*; meist im Pl. *schbarchlschdoadsla* Hochstet. (Link.)/Wagner 188. – Zum Grundw. s. → *Storzel*. – Südhess. 5, 1121 (*-storzen*).

Spargel-stumpen m.: ,der in der Erde steckende Spargelstiel, dessen Kraut abgemäht wird'; die über den Winter dürr gewordenen *schbarchlschdumbǝ* werden im Frühjahr ausgehackt und verbrannt Hochstet. (Link.)/Wagner 186. – Zum Grundw. s. → *Stumpen*.

Spargel-suppe f.: ,gebundene Suppe aus dem Spargelsud'; *Schbarriglsubb* Östrgn/Dischinger 183; *Spaischlsupp mit breede Nudle* Philippsburg/Odenwald MPh. 41. – DWb. 10/1, 1938; Pfälz. 6, 206; Südhess. 5, 1121.

Sparglemente *šbęrɤǝméndǝ* Hettgn; *šparjǝ-* Handsch.; *špargla-* Karlsr.; *šbar(i)ɤli-* Schutterwald; *šbardli-* Hofw.; *šbǫrīɤli-, šbarɤlǝ-* Lahr; *šbarglemāndǝ* Ringshm; *šbarglǝméndǝ* Bruhrain, Tribg, Freib., -(r) Baar; „Sparglimenter" Lörrach. – Pl.: 1) ,Umstände, Umschweife, übertriebene Höflichkeiten' Lenz 4, 9, Hettgn, Karlsr., Bayer 64, Reich Baar. Id. 21; *Schbarglēmèndè machè* Fleig 119, ähnl. Lahr; *Mach kei Schbarichlemände* Braunstein Raa. 28, ähnl. Albrecht hs., A. Hermann 83; *er aber macht seine Sparglemenţer* Reich Wanderbl. 12; *Kei sparglemente! sag's nor gradǝraus!* Eichrodt 101. – 2) ,lügnerisches Geschwätz, Aufschneiderei' Bruhr. 157, Freib./Bad. Heim. 1920, 130. – 3) ,Possen, Komödie, auffällige Gebärden' Lenz 4, 9, Ringshm, Lahr. – Zu it. *spargimento* ,Ausgestreutes'. – Vgl. *Sperenzen*. – DWb. 10/1, 1939 (*Spargement*); Els. 2, 548; Fischer 5, 1483 (*Spargament*); Pfälz. 6, 206; Schweiz. 10, 491 (jeweils *Spargiment*).

Sparglementer m.: ,Angeber, jem., den man nicht beim Wort nehmen kann'; *Sparglamenter* Karlsr. – Zu → *Sparglemente 2*. – Vgl. *Späner 2, Sparafantel*.

Spar-herd m.: ,freistehender Eisenherd mit geringem Brennstoffverbrauch' Karlsr./Kretschmer 333. – DWb. 10/1, 1941; Pfälz. 6, 207; Südhess. 5, 1121.

sparig *šparig* Möhrgn. – Adj.: ,äußerst sparsam'; *ǝ šparig wīb* Kirner 185. – Vgl. *hausig, nährig*. – DWb. 10/1, 1941; Schweiz. 10, 410.

spärig in → *wortspärig*.

Spar-kasse *šbākas* Kraichgau; *šbārkas* Freiamt. – f.: 1) dass. wie → *Sparbüchse* Humburger 147; meist Dim.: *do heš ebjs fırs šbārkąsli* Freiamt. – 2) ,das Bankinstitut'; *er šaft uf dǝ šbārkąs* ,er arbeitet bei der Sparkasse' Freiamt. – DWb. 10/1, 1942; Fischer 5, 1485; Pfälz. 6, 207; Südhess. 5, 1122.

Sparkassen-buch n.: dass. wie → *Sparbuch*; Dim.: *šbarkasəbüchlə* WERTHM/PLATZ 301. – Pfälz. 6, 207.

Spärle ON: Zinken N.WASSER/KRIEGER 2, 1029; hierdurch fließt der *Spärlebach*, der in den *Obergießbach* mündet (vgl. → *Gieß*) und woran der *Spärlegrund* liegt.

spärlich *šbę̄rli* WALLDÜRN, BUCHEN, HAINST., MUDAU; *šbę̄rli* ALTENHM. – Adj.: ‚karg, (zu) wenig' HEILIG GR. 91, MARX 50; mu. wenig gebr., dafür eher → *armselig, dünn 3, gänshängerig, karg, knäpperlich, nährlich, schmal 3a, wenig*. – DWb. 10/1, 1942; Els. 2, 545; Fischer 5, 1485; Pfälz. 6, 208; Südhess. 5, 1122.

Spar-mundi *šbęrmųŋgis* JECHTGN; „sparmundi" STOCKACH, ÜBERLGN A. B. – m.: ‚Begleiter des Nikolaus', in verschiedenen Aufmachungen: ‚in Pelz gehüllt, mit Zwilchsack und Rute ausgerüstet' vorderes Kinzig- und Renchtal/MEIN HEIMATL. 1928, 206; ‚verkleidete Tiergestalt' JECHTGN; ‚Knecht Ruprecht' ÜBERLGN A. B./ZIMMERM. HS. 285, TH. LACHMANN 503; ‚böses Wesen' STOCKACH. – Zu *Sparmund* ‚Verschwiegener, Sprechfauler, sparsam Essender'; die Form in JECHTGN im Grundw. wohl in Anlehnung an → *Munkes*. – Zu Syn. vgl. *Rauhpelz*. – DWb. 10/1, 1944; Els. 1, 692; Fischer 5, 1485. 6/2, 3137 (jew. unter *Sparmund*).

Sparmunds-kuchen „sparmiskuchen" ALTD. – m.: ‚Kuchen aus Teigresten' 1931 eb. – Zu *Sparmund* ‚sparsam Essender'.

Spar-nadel f.: ‚Sicherheitsnadel'; *Sparnodel* MANNHM. – Zu Syn. vgl. *Hexengufe, Sicherheitsnadel*.

Spar-prämien *šbårbrę̄mə* EBERB. – Pl.: ‚Beiträge in einem best. Sparmodell' EBERB. GESCHICHTSBL. 1953, 14.

Sparren *šbarə* verbr. in Nord- und Mittelbaden, nördl. u. mittl. Schwarzwald, RIEDBÖHRGN, REICHENAU, LITZELSTET.; *šbarv* HOCHSTET. (LINK.), JÖHLGN, SCHENKENZ., MÖHRGN, um HAUSEN I. T.; *šbǫrə, -å-* Hanauerland, mancherorts Ortenau, Kaiserstuhl, Tuniberg, SAIG; *šbarə* verbr. Rheintal bis in die Vorbergzone von HÜGELSHM. über SASBACHWA. und DENZLGN bis LAUFEN, WELMLGN, HALTGN, STEINEN; *špərə* vereinzelt mittl. Schwarzwald, verbr. südl. Hotzenwald, Baar, östl. Hotzenwald, Höri, Bodanrück, um STOCKAH, Linzgau; *špərə* ENDGN; *šbǫrə* OTTERSW., PFAFFENWLR (VILL.), KLENGEN; *špärə* SCHWÖRST.; *šbę̄rə* N.HAUSEN; *šbårə* REICHENB. (GENGB.), WIEDEN, TODTNAUBG, ISTEIN; *šbårə* MENGEN, OPFGN, O.MÜNSTER., verbr. Markgräflerland; *špārə, -ä-* MAMB., PRÄG, Werratal, INZLGN, SÄCKGN; *šbǫərə* MÜHLGN. – m.: 1) ‚Balken, der vom First zur Traufe verläuft' HEBERLING 20, LENZ WB. 66b, RUF 36, MARX 56, HARTMANN 71, SCHWEICKART 29, SCHWENDEMANN ORT. 1, 86, METRICH 75, BRUNNER 77. 135, O.BERGEN, KLAUSMANN BR. 17, SIEFERT 46, GESSER 81. 154, SCHWER 24, WAHR 13, ZINSMEISTER 27. 66, W. ROTHMUND 14, ELLENBAST 67, JOOS 64; 1765 *und also auch aus starken Stämmen Sparren und Riegelholz mit größerem Vortheile zu schneiden*, in einem General-Reskript durch Carl Friedrich verordnet TURMBERG 1965, 27; *Balljä, Schbarrä, Laddä, Breddä braucht-mä, wänn-mä bauä will* ‚Balken, Sparren, Latten, Bretter braucht man, wenn man bauen will' DISCHINGER 183; häufig in der Ra. *einen Sparren zuviel haben*, die in Bezug auf närrische, verrückte, überspannte Personen angewendet wird: *en Schbarre zuviel hawe* LITTERER 316, ähnl. PLATZ 301, TREIBER 83, HETTGN, LENZ 1, 45b, MENZGN, ROHRB. (EPP.), LAUINGER 31, BURKART 163, G. MAIER 139, ALTENHM, ZIMMERM. HS. 285, FUCHS 77e, O.WEIER (RAST.)/ZFDMU. 1916, 286; auch erweitert: *er het en Sparre z'viel wie's Hansechristes Bachhütte* GUTACH (SCHW-WALDB.); *dęr hot ā n šbarə dsə füil - nā̊, dęr hot ə gands štokwęriglə!* ROEDDER VSPR. 530a; in Anspielung auf weitere Defekte: *Bei dir is en Schbarre loos* BRÄUTIGAM MACH 115f.; *Halbverigget, bei dem sich ein Schbarre em Dachschduhl verschowwe hot* HUMBURGER 173; verkürzt auf: *èn Schbarrè hòò* RITTLER 129, ähnl. HERWIG-SCHUHMANN 118, LEHR KURPF.² 141, HEIDELBG, FREI SCHBR. 153, REICHERT 73, MEIS. WB. 176a, R. BAUMANN 85, SCHWARZ 77, U.HARMERSB./OCHS-FESTSCHR. 263, MENG 138. 148, BRAUNSTEIN RAA. 28, SAIG; *Du hoschd jo en Schbarre* BRÄUTIGAM SO 126; *dää hadan schbarra am kobf* WAGNER 186; *èn Schbarèn im Hirn* FLEIG 119; *dęr hod ən hálwə šbårə* EBERB.; *jeder hät soin Schbarre un der wu moont, he heet kooner, der hot glei zwee* HUMBURGER 173, ähnl. LITTERER 316; *sie haben alle den Sparren der Heldsucht* BURTE WILTF. 213; vgl. hierzu auch *Sporn*. – 2) ‚Leitersprosse' R. BAUMANN 85, G. MAIER 139, FLEIG 119, ELLENBAST 67; *Där Schbare isch broche* BRAUNSTEIN RAA. 28. – 3) Schifferspr.: ‚starker Balken mit Hohlkehle', wird unter (zwischen) die Luken gelegt zur Abdichtung des Laderaumes und Verstärkung des Verdecks 1949 EBERB. – 4) ‚eitler Mensch, Stutzer, Fatzke' LENZ WB. 21b. 70a, in Anlehnung an die Übertr. in Bed. 1. – 5) Hausn. FREIB.; 1693 *zum Sparren Haus in der Merianstr. 23, das früher zum Narren hieß* K. SCHMIDT HAUSN. 127. – Vgl. *Rafe*; vgl. *Dachfenster-, Dach-, Kehlsparren*. – DWb. 10/1, 1946; Els. 2, 545; Fischer 5, 1485. 6/2, 3137; Pfälz. 6, 208; Schweiz. 10, 413; Südhess. 5, 1122.

Sparren-banz m.: ‚närrischer Kerl'; *šparebänz* Bruhr./ZIMMERM. HS. 285. – Vielleicht Variante von → *Sparrenhans*.

Sparren-fankele ‚Geflunker' → *Sparafankele*.

Sparren-fantel ‚Narr' → *Sparafantel*.

Sparren-galli *šbårəgali* ALTENHM. – m.: ‚Narr, Halbnarr' eb. – Zu → *Galli 1* und der Übertr. in → *Sparren 1*.

Sparren-haber m.: Neckname für die Bewohner von Dienstadt; „sparrenhaber" BLBADVK. 175, 1894 KÖNIGHM/UMFR. – Das Wort ist Nomen agentis zur Wendung *einen* → *Sparren 1 haben*.

Sparren-hans *šbarəhans* O.SCHEFFL. – m.: ‚närrischer Kerl' ROEDDER VSPR. 530a. – Zu → *Hans* (dort weitere Zusammens.) und der Übertr. in → *Sparren 1*.

Sparren-nabel *šbǫ́rəŋobl* LAHR. – m.: ‚närrischer Mensch' eb. – Zu → *Nabel 2a* und der Übertragung in → *Sparren 1*.

Sparren-nagel *šbarənāl* BIETIGHM. – m.: ‚Nagel zur Dachsparrenbefestigung' RITTLER 129. – DWb. 10/1, 1952 (*Sparrnagel*); Fischer 6/2, 3138; Südhess. 5, 1124.

Sparren-werk *šbarəwęrik* O.SCHEFFL. – n.: ‚Fachwerk' ROEDDER VSPR. 530a. – DWb. 10/1, 1952; Schweiz. 16, 1257.

spar-sam *šbārsåm* Kraichgau; *šbārsåm* KORK, KIPPENHEIMWLR; *šbårsåm* LEGELSH.; *šbårsåm* ECKARTSW.; *šbårsåm* ALTENHM, JECHTGN, GRISSHM; *šbårsåm* ISTEIN, SCHOPFHM. – Adj.: ‚haushaltend, mit wenig auskommend' SCHWEICKART 79, FOHRER 59, CLAUDIN 255, GLATTES 26; *schbaarsååm: Bfennig uf Bfennig ... nume sou kummsch zu äbbes* HUMBURGER 173. – Vgl. *gesparsam*; vgl. *haushälterisch, hausig, hausiglich, hauslich, nährig*. – ALA I, 284; DWb. 10/1, 1952; Fischer 5, 1486; Pfälz. 6, 209; Schweiz. 10, 411; Südhess. 5, 1124.

Spar-sau, -säule *šbårsöili* TRIBG; *šbårsęiwli* SCHONACH. – f., n.: ‚Spardose in Schweinchenform' FLEIG 119. – Weiteres → *mästen*.

Spaß *šbås* verbr. im ganzen UG; *šbås* ALTENHM; Pl.: *šbęs* O.SCHEFFL.; *šbes* OFTERSHM.; *šbǫs* LÖRRACH; Dim.:

šbęsle O.scheffl.; šbęsli Münchw. – m.: ‚nicht ernst gemeintes Tun oder Reden, Scherz, Freude', Ggs. → *Ernst 2* Roedder Vspr. 530a, Liébray 277, Frei Schbr. 83, Meis. Wb. 176a, Ruf 36, Fohrer 57, Beck 160. 162. 228, O.weier (Rast.)/ZfdMu. 1916, 286; *im Schbass gsäit* Reute (Emm.); *dr męksr dęar hętt nū špass drmit tribə, abr im pfar išt əs ęərnšt ksī* C. Haag 130; *Dodrin verschdeh isch kän Schbaß* Bräutigam Mach 116; *Un wo um's Lewe net der Spaß, odar z' varstehn isch letz gar, / do denket, s isch am End e Dail Lesfehler vomme Setzar* Eichrodt 203; häufig im Dim.: *e paar netti glatti Späßli* Jung Brägel 17; *e Schbäsli machə* Schwendemann Ort. 2, 6; *Späßle mache und om ewäng äbbes aahenke sell baßt dr* Epple Doo 27; *Schtatt, daß sie a Schpäßli gmacht und zum Bischpil gseit hätet: ...* Flügel 54; Ra.: *Schbaß muss sei(n)* Litterer 317; erweitert: *Spaß muə sī bi-n-ere Beärdigung, sușcht gōt niəmer drā* Schäuble Wehr 35; *Schbaß beiseid - Ernschd kumm her!* (Wortspiel mit → *Ernst 1* und *2*) sagt man, wenn man eine Angelegenheit etwas leichthin behandelt hat Bräutigam Mach 116; *Ma werd doch noch en Schbaß mache derfe!* zur Schadensbegrenzung gesagt, wenn eine flapsige Bemerkung für Verärgerung sorgt eb.; *Bis doher isses Schbaß*, sagt man scherzhaft drohend und zeigt auf das Ende der Messerklinge am Heft eb.; *aus Schbaß werd E(r)nscht* Litterer 316; *em Schbaß gsaagt, em Ernschd gmoont!* Humburger 174; Volksreim (mit rassistischem Unterton): *Ze Mannem isch en Schbaß bassiert / do hot en Flou en Judd rasiert.* 1895 Allemühl/Umfr. – Anf. 20. Jh. häufiger → *Gespaß* Lenz Wb. 66b, 1914 Ottersd. – Weiteres → *Ernst 2, machen I2e, Osterhase 1a, skifahren*; vgl. *Mordsspaß*. – DWb. 10/1, 1958; Fischer 5, 1486; Pfälz. 6, 209; Schweiz. 10, 509; Südhess. 5, 1124.

spassen nur in → *ver-, gespassen*.
spaß-haft Adj.: ‚Heiterkeit erregend' Reute (Emm.).
spaß-halber šbåshåłwr Altenhm. – Adv.: ‚aus Spaß' Fohrer 57. – Südhess. 5, 1126.
spassig, spässig šbasi Ottersd.; šbasig Reute (Emm.); špęsəg Hagnau. – Adj.: ‚drollig, eigenartig, seltsam' Ruf 36, Ottersd./ZfdMu. 1914, 336. – Vgl. *gespässig*. – DWb. 10/1, 1967; Pfälz. 6, 211; Schweiz. 10, 515; Südhess. 5, 1126
spässlich šbęsliχ Münchw. – Adj.: ‚lustig, scherzhaft' Schwendemann Ort. 3, 90.
Spaß-macher šbasmaxər O.scheffl.; -maxv Oftershm. – m.: ‚einer, der Faxen macht, unterhaltsam ist'. – Vgl. *Butzengäukeler 1, Fakeng, Hanswurst, Kaspar 2a, Klon, Möbel 2b, Nummer 3, Rohr 4c, Schelm 3b, Schnakenmacher, Witzbold, -vogel*. – DWb. 10/1, 1967; Pfälz. 6, 211; Südhess. 5, 1126.
Spaß-vogel šbasfoɣl Handsch.; -fogl eb., O.weier (Rast.); -fōgl Ottersd. – m.: ‚Schalk', dass. wie → *Spaßmacher* Lenz Wb. 59a. 78a; Ottersd./ZfdMu. 1911, 339; O.weier (Rast.)/eb. 1916, 286; Bestimmungsw. auch in der fr. üblicheren Form mit Präfix: *des isən gšbásfogl* 1952 Eberb. – DWb. 10/1, 1969; Pfälz. 6, 211; Südhess. 5, 1126.

I **Spat** šbạ̄t O.scheffl.; šbat O.weier (Rast.). – m.: 1) ‚Geschwulst am Fesselgelenk des Pferdes' Roedder Vspr. 530a, O.weier (Rast.)/ZfdMu. 1916, 286. – 2) ‚harte, lähmende, entzündliche Schwellung an Huf und Knie beim Vieh' Nüstenb., Littenwlr/Zimmerm. hs. 285f.; 1739 *dürrer Spatt* „eine Krämpfung oder Verschleimung der Sennen und Flächsen des Knyes" (des Pferdes), wobei äußerlich nichts sichtbar ist, das Tier aber den Fuß höher hebt Alem. 5, 150. – Mhd. *spat* ‚Kniesucht der Pferde' (Lexer mhd. 2, 1072). – Vgl. *Ochsenspat*. – DWb. 10/1, 1969; Els. 2, 550a; Fischer 5, 1487; Pfälz. 6, 211; Schweiz. 10, 586; Südhess. 5, 1127.

II **Spat** ‚Gestein' nur in → *Feldspat*.
III **Spat** → *Spaten*.

spat, spät šbọ̄d Werthm; šbọ̄t Beckstein; špêt Buchen; šbēd vereinzelt Bauland, Kurpfalz, Neckarbischofshm, Neudenau; šbọ̄d, -t verbr. NBaden und ab Karlsr. bis zum Rheinknie in einem Streifen entlang des Rheins bis in die Vorbergzone des Schwarzwaldes; šbēd Sandhsn, um Offenb., Kluftern; špot Feudenhm, Pfaffenrot, Kartung; šbọ̄d Hochstet. (Link.), Neuburgw., Ottersd., Plittersd., verbr. nördl. u. mittl. Schwarzwald, O.baldgn, Möhrgn, Heinstet.; šboᵘd Mörsch; šbōᵘd, -t südl. d. Tunibergs, vereinz. Markgräflerland; šbod Feldk.; šbọəd Haltgn; špọd in einem Streifen von Langensch., über Villgn, Urach, Eschb. (Freib.), Hinterztn, Präg nach Inzlgn, daneben Hausen i. T., Sauld., Zoznegg; špọd, -t Endgn, Denzlgn, Hofsgrund, um Schopfhm und Lörrach, Dinkelberg; špọt, šb- verbr. Baar, südl. Schwarzw., Hotzenwald, Klettgau, Hegau, um Leibertgn, Höri, Bodanrück; špẹt, -d, šbẹt Messk., um Pfullend., Stockach, Linzgau; špaut Singen a. H.; Komparat.: šbọ̄d(ə)r Werthm, südl. Markgräflerland, Kleines Wiesental; šbēlər O.scheffl.; šbēd(ə)r vereinz. NBaden, verbr. in einem Streifen entlang des Rheins bis in die Vorbergzone von Plittersd. bis Huttgn; šbēdv Kurpfalz, Rapp., Rohrb. (Epp.); šbẹd(ə)r mancherorts entlang d. Rheins von Daxlanden bis Freistett, verbr. nördl. u. mittl. Schwarzwald, O.baldgn, Möhrgn, Gutenstein; šbọd(ə)r Muggensturm, Kappelwi.; šbōdər Offenb.; špēdr Rotenfels, Ottersw., verbr. mittl. Schwarzw. von Schönwald bis Schluchsee; šbədər am Rhein von Honau bis Kappel a. Rh.; šbēⁱd(ə)r südl. d. Tunibergs, Liel; špetr Wyhl, Hofsgrund, Schwörst.; špędr Endgn, Denzlgn; špẹt(ə)r verbr. an Brigach u. Breg, Baar, Wutach, Hegau, um Messk., Bodanrück, Linzgau; šbẹt'r Heinstet., Hausen i. T., Wieden, Kluftern; šbọ̄d(ə)r Auggen, U.mettgn, Remetschwiel; šbọtr Adelhsn; špọdr Hasel, Lörrach; špọt(ə)r Werratal, Dinkelberg; šbọtr Griessen; špọt(ə)r, -d- verbr. südl. Schwarzwald, Hotzenwald, Klettgau, Büsslgn, Bohlgn, Öhngn; špọ̄tə Gaiss, Büsgn, Gailgn, Gottmadgn, Höri, Reichenau; špọ̈ⁱtə Randegg; špāātr Mauenhm; Superlat.: *(am) šbēdšd(ə)* O.scheffl., Rapp., Appenw.; šbọ̄dšd(ə) Kappelwi.; špọ̈tišt Eschb. (Waldsh.). – Adj., Adv.: 1) ‚zeitlich vorgerückt', im Ggs. zu → *früh* Heilig Wb. 17, Roedder Vspr. 530a, Meis. Wb. 38. 178b, Wagner 186, P. Waibel 107, Burkart 35. 78, Baur 84, R. Baumann 85, Schrambke 134. 179, G. Maier 140, Klausmann 50. 53, Twiste 58. 62, Glattes 40, Beck 103. 181, Kirner 35. 292. 305. 455, E. Dreher 33. 35, Joos 143. 146, Zaisenhsn/ZfdMu. 1907, 267, Ottersd./eb. 1914, 344, O.weier (Rast.)/eb. 1916, 288. **a)** allg. oder auf die Tageszeit bezogen; *vu freä bis schbood* Münchw.; *S isch schun schbōd* Braunstein Raa. 29; ähnl. *s iš šo šbọ̄ut* Guggenheim 22; *siš šbọ̄t am Obəd, i họ šlǭf* Fuchs 14a; *Nächde* (→ *II nächten ‚gestern')* *bisch awer schbọ̄t heimkumme!* Meier Wb. 17; *es ist schbọ̄t wöre* eb. 14; *s mus nüd ali Nach sou šbọ̄d werde!* Platz 302; *als widər šbọ̄dər!* ‚es ist wieder später geworden' eb.; *im Fall, as dè schpätèr kunnscht* Ellenbast 5; *kum ned sẹ šbọ̄t!* Heilig Gr. 9; *Ich waa schunn schbood drāā, awwä dää isch noch schbeedä kummä* Dischinger 185; *jeddsd gäänä ma in dä Duwagg, un schbeeda holla ma Hòi* Frei Schbr. 154; *De Mainhard isch en guete Lehr gsi und erscht spöter hemmer gmerkt, wa mer bi ihm alles glehrt* *hän* THOMA HÜTTEN 34; *fir schbäder, wäg em Aadengge ...* GÜTENB.; als Frage nach der Uhrzeit: *wiə šbǭd iš?* WALDAU; *wiə šbǭd hęmər?* NEUST. – **b)** auf die Jahreszeit bezogen; *desmòl griègə mèr è schpòòts Friējohr* ELLENBAST 20; *ən špēta wintər* BONND. (ÜBERLGN); in Bezug auf die Reife von landwirtschaftlichen Erzeugnissen: *šbōdi hůsdswǫdšgə* SCHWENDEMANN ORT. 1, 141; *šbōdi hǫrdebfəl* eb. 3, 90, O.WINDEN; *Duft vu spote Rose* JUNG BRÄGEL 25. – **2)** ,nicht rechtzeitig', nur in Verb. mit *zu*; *zu schboot* HUMBURGER 218, SCHWENDEMANN ORT. 3, 131; *d kindər kęməd dšbōt* PFOHREN; *nọ iš r d šbọ khu* KETTERER 54; *dəʳ kʰund dauərnd dšbōd* U.BIEDERB.; *Kumm net zu schbääd!* LEHR KURPF. 115; *zu schboot uf der Zug odder ens Gschäft kumme* HUMBURGER 192; *bessa dsu frii wii dsu schbood* FREI SCHBR. 154; Ra.: *wer zuschbät kummt, hood's Nooschsehje* LITTERER 316; über notorisch zu spät Kommende: *Der kummd noch zu schbeed zu soinere Beerdischung* BRÄUTIGAM MACH 119; *du kunsch no èmòòl z̧ schbōōd in Himl* FLEIG N. 10; Kinderreim unter → *Sankt Veit.* – Weiteres (in Auswahl) → *alt 1b, Apollonia, daran, darum 4b, daß 9, halb 1a, I Heu 3, hintennach, iemal 2, kalben, lackieren 2b, ledig 1a, mähen, noch II 1a, I reiten 1a, Rente 2, rot 2j, Schillingstadt, seckeln;* vgl. *verspäten;* vgl. *unzeitig.* – DWb. 10/1, 1974; Els. 2, 549; Fischer 5, 1487; Pfälz. 6, 212; Schweiz. 10, 589; SSA II/20.04. II/109.1; Südhess. 5, 1127.

Spat-amt *šbōdamt* STEGEN. – n.: **1)** ,späte Messe in der katholischen Kirche', Ggs. → *Frühamt;* 1559 *welcher breütigam ... zů kürchen an das spat ampt in obern chor geet* ÜBERL. STADTR. 502; 1609 *Und obwolen ain pfarrer und seine helfer bißdaher das hoche oder spaat-ambt täglich auf dem fraun- oder choraltar allain zu singen schuldig gewesen* eb. 615. – **2)** ,Wirtshauseinkehr nach dem Gottesdienst', scherzhaft 1930 Attental bei STEGEN. – Vgl. *Spatkirche.* – Fischer 5, 1488.

Spat-axt f.: ,Haue zum Öffnen von Gräben', dass. wie → *Friesaxt* SIMONSWALD/ALEM. 1873, 148. – Bestimmungsw. wohl zu → *Spaten.*

Spät-burgunder *šbōd-, šbēdbůrgundər* Markgräflerland. – m.: ,jetzige blaue Traubensorte' 1965 KRÜCKELS 70; *blāuə šbōdbůrgundər* TANNENK./eb. – Südhess. 5, 1128.

Späte *šbedi* MAHLBG. – f.: ,späte (Tages-)Zeit', Ggs. → *Frühe* JÄGER 19. – Mhd. *spæte, spāte* ,späte Zeit, Abend-, Nachtzeit'. – DWb. 10/1, 1987; Fischer. 5, 1488; Schweiz. 10, 597.

Spatel *špatl* MÖHRGN; Pl. *špatlə* eb. – f.: ,Spachtel' KIRNER 184. – Zu lat. *spatula.* – DWb. 10/1, 1987; Fischer 5, 1488; Pfälz. 6, 214 andere Bed.; Schweiz. 10, 588.

Spat(en) *šbǭdə* verbr. Kurpfalz; *šbārə* HANDSCH.; *šbālə* O.SCHEFFL.; *šbādə* SCHWETZGN, ALTLUSSHM, NEULUSSHM, verbr. Mittelbaden; *špāt* LEIMEN; *špatə* RAPP., vereinz. um DONAUESCHGN, um SINGEN A. H. (f.); *šbat, -d* EGGENSTEIN, HAGNAU (jew. f.), BEIERTHM, NEUDGN, GUTMADGN, STOCKACH (n.); *šbādə* KAPPELWI., NEUENWEG; *šbạdə, -a-* verbr. Markgräflerland, NEUENWEG; *šbādi* WINTERSWLR, TÜLLGN (jew. f.); *šbātə* KONST.; *špat, -*MARKELFGN, MEERSBURG; *špattə* HONSTET., BÜSGN. – m., (f., n.): **1)** ,Gerät zum Graben und Umstechen' ROEDDER VSPR. 530a, LENZ WB. 66b, FREI SCHBR. 154, LIÉBRAY 278, MEIS. WB. 176a, BURKART 118, SCHWENDEMANN ORT. 1, 166, KRÜCKELS 114, SIEFERT 41. 42, BECK 199, KRAMER GUTMADGN 278, FUCHS 47. 63; ,Gerät zum Ausheben der Setzlöcher (im Weinbau)' LEIMEN/WKW 45. 46; ,kleine Schaufel' W. SCHREIBER 47; ,zum Ausheben eines → *Schlag 5c*' MEICHLE 31; ,unten breit' JOOS 66; *d' Spate mog i net, wege d' Wirmer* BRETL 21; *e Spatte sticht un Wase bricht* JUNG BRÄGEL 125. – **2)** ,Werkzeug, mit dem man Heu vom Heustock schneidet' um DONAUESCHGN, HOLZEN, GÜNDELWANGEN, vereinz. Hegau/SSA-AUFN. 28/7. – Vgl. *Heu-, Rigolspaten.* – Syn. → *Gespat, Grab(e), Grabschaufel, I Schore 1, I Schoren 1, Schor-, Stechschaufel 1.* – DWb. 10/1, 1989; Els. 2, 551a; Fischer 5, 1488; Pfälz. 6, 213; Schweiz. 10, 583 (*Spatt I*); SDS VI, 207; Südhess. 5, 1128; SUF IV, 17.

Späten-eiche *šbadəẹịχə* 1967 AUENHM; *šbēdə-* 2021 eb. – f.: FlN, ein Gewannname in Auenheim MENG 231; Ewald M. Hall, Flurnamenbuch der Großen Kreisstadt Kehl, Kehl 1990, Anhang.

† **Späten-gut** n.: FlN, Name eines Gutes MÜHLHSN (SING.); 1518 *... ain gütt zů mulhusen, genant Späten güt* W. SCHREIBER ZW. 531. – Wohl zu einem FN *Spät.*

später s. → *spät.*

spätestens *šbēdəšdəns* MÜNCHW.; *šbēdəšdns* MÜNSTERT.; *šbōdəšdns* HOLZEN. – Adv.: ,nicht später als' SCHWENDEMANN ORT. 3, 90; *šbōdəšdns ům sībənj* 2008 HOLZEN. – DWb. 10/1, 1994; Pfälz. 6, 214.

Spät-frost *šbōdfrošd* LAUFEN, FELDBG, ISTEIN, WINTERSWLR; Pl.: *šbōdfrošd* eb. – m.: ,Kälte im Minusbereich während der Vegetationszeit' KRÜCKELS 199. – Vgl. *Maifrost, II Reif 1b.* – DWb. 10/1, 1994.

Spät-geschein n.: ,Traube aus später Blüte und Beischossen' HERBOLZHM (BLEICH)/WKW 28. – Zum Grundw. vgl. → *Gescheine.*

Spät-herbst *šbōdherbšd* WEIL A. RH. – m.: dass. wie → *Spätlese,* Winzerspr. KRÜCKELS 156. – Zum Grundw. vgl. → *Herbst 2.* – Pfälz. 6, 214.

Spatil ,Kreuzdame' → *Spadille.*

Spat-, Spät-jahr *šbōdjōr, šbōdjər* so u. ähnl. *šbēd-, šbod-, šbōd-, špāt-, špǭd-, špōt-, -t-, špot-* und *-jār, -jǫər, -jọv, -jōv, -jōv* s. → *spat, spät, Jahr* in Nord- und Mittelbaden. – n.: ,Herbst, die Jahreszeit zwischen Sommer und Winter' vielerorts in Nord- und Mittelbaden bis auf eine Höhe südl. von FREIB., neben → *Herbst 1,* → *Spätling* (Verteilung vgl. SSA IV/4.13); ROEDDER VSPR. 530b, MEIS. WB. 44b. 157a, LENZ WB. 32b, BRUHR. 157, WAGNER 186, HEBERLING 29, G. MAIER 140, SCHMIDER KK 89, FLEIG 120, SCHÄUBLE WEHR 138, FUCHS 63, STOCKACH/HEGAU 1978, 183, SIEGELAU/ALEM. 25, 55; ausdrücklich nur auf die Jahreszeit bezogen, während *Herbst* Bezeichnung für die Weinlese ist: FREI SCHBR. 154, STEINACH/BAD. FLURN. III, 3, 65, KREUTZ 49. 88, ETTHM, BAHLGN, BÖTZGN; neben → *Herbst 1*: LEHR KURPF. 115, SINGEN (PFINZ)/UMFR., O.WEIER (RAST.)/ZfdMu. 1916, 216; *im Schbòòdjòòr* SCHWENDEMANN ORT. 2, 44; *des Schboodjohr* ,diesen Herbst' NOTH 350; *S Schboodjåå isch månnichsmool scheenå wi-dä Summå* DISCHINGER 185; *Jez simr schu widr im Schboodjoor* BRAUNSTEIN RAA. 29; *Im Schpootjohr hät er zwei Schtickli Vieh verkauft* A. MÜLLER 2, 100; *Im Schboodjohr isch Kerwe* (→ *Kirchweih*) LEHR KURPF. 115; Ra.: *Em Schbootjohr isch Kärwe, nät heit!* gesagt, „wenn der künftige Schwiegervater im Mai Bedenkzeit braucht" HUMBURGER 175. – Weiteres → *Rebenstock, Segringen.* – DWb. 10, 1997; Els. 1, 410; Fischer 5, 1489; Pfälz. 6, 217; Südhess. 5, 1129.

Spätjahr-krüppel m.: ,Austrieb am Rebstock im Herbst'; *Schpotjohrkrippel* RORGENWIES.

Spätjahrs-kleider Pl.: ,(wärmere) Kleidung für den Herbst'; *spätjahrskleida* HEIDELBG/KRETSCHMER 235.

Spät-jockel *šbōdjǫgl* SCHONACH. – m.: ,einer, der immer zu spät kommt' FLEIG 120. – Grundw. zu → *Jockel 3a.* – Vgl. *Spätling 2.*

Spat-kirche *šbǭdkirχ* NEUSATZ; *šbǭdkịrịχ* SCHÖNBG

(Offb.); -ḵi̯rxə Altenweg; šbǭtki̯əch Stockach. – f.: ‚Gottesdienst am späten Vormittag', Ggs. → Frühkirch(e) Stockach/Hegau 1978, 181; auch als iron. Bezeichnung für die nicht stattfindende Messe der Kirchenschwänzer 1932 Schönbg (Offb.). – Vgl. Spatamt, -messe. – Pfälz. 6, 217.

Spät-lese šbē̆dlese Laufen; šbē̆d- Mauchen (Müllh.). – f.: ‚der letzte Leseertrag', Winzerspr., aus der Schriftspr. übernommen Krückels 156. – Vgl. Spätherbst. – Pfälz. 6, 217; Südhess. 5, 1129.

Spätling šbē̆dli̯g nördl. Markgräflerland von Mengen bis Müllhm, Liel, Rheinwlr, Huttgn; šbē̆ⁱdli̯g Heitershm; špē̆dli̯g Wieden; špǭtli̯g O.münstert., Auggen, Feldbg, Schallb.; šbǭdli̯g verbr. südl. Markgräflerland; šbǭdli̯g Mamb., Weil a. Rh.; šbǭǭdli̯g Haltgn; špǭdli̯g um Schopfhm; špǭtli̯g Lörrach; špǭdli̯g Inzlgn, Karsau; špǭtli̯g Bernau, Stühlgn. – m.: **1)** ‚Herbst', dass. wie → Spat-, Spätjahr Zimmerm. hs., Baum Huus 66, Krückels 147, Siefert 140, Beck 164. 181, Glattes 40, Meis. VW. 38, Vögishm/Alem. 25, 110, Feldbg/Markgr. 1971, 149; 1710 *Spätling des verstrichenen 1709ten Jahres* Ruit/O. Bickel hs.; 1738/39 *zu der des Jahres 2 mal als im Spätling und Frühling versehender Feuerschau sei verordnet Michel Kienle* Rinklgn/eb.; 1895 *Spätling neben Herbst* Lehngn/Umfr.; *Der Spötlig wär denn wieder do* Gempp 52; *man herbstet im Spötlig* Albrecht hs.; *Ueber d Stupfle weiht jez der Wind, im Spötlig, si Vorbott* Dorn 65; *der lieb Gott het zum Spöötlig gsait* Hebel III 196 Z. 9. – **2)** ‚wer sich verspätet' Reich Wanderbl. 225. – DWb. 10/1, 1999; Els. 2, 550; Fischer 5, 1489. 6/2, 3139; Schweiz. 10, 598; SSA IV/4.13.

Spätlings-dunst m.: ‚leichter Herbstnebel'; *durch den gelben Spätlingsdunst* Burte Flügelsp. 49. – Zum Grundw. vgl. → Dunst 1.

Spat-messe šbǭdmęs U.bränd. – f.: dass. wie → Spatkirche eb.; Ggs. → Frühmesse.

Spät-obst n.: ‚das spät im Jahr reifende Obst'; *Ame warme Mäntigmorge, / s Schpotobscht ischt am Rüfe ksii* Singen a. H./Flügel 98. – Ggs. → Frühobst. – DWb. 10/1, 2001; Pfälz. 6, 218; Südhess. 5, 1129.

Spät-rote m.: ‚Traubensorte'; nach K. Müller Weinb. 511 eine Spielart von Blauer→ Burgunder, weniger kräftig und fruchtbar, sowie später reifend; *Spätrothe Ortenau*/J. Metzger Weinb. 108. – DWb. 10/1, 2002.

Spät-sommer šbǭtsumr Reute (Emm.). – m.: ‚die letzten, schönen Tage des Sommers' eb. – DWb. 10/1, 2002; Pfälz. 6, 218; Südhess. 5, 1130.

Spatt šbad verbreitet ab Murg und Oos, nördl. und mittl. Schwarzwald, vereinzelt Kaiserstuhl und Hochschwarzw.; šbad verbr. im Hanauerland und am Kaiserstuhl; šbǫd Sinzhm, Freistett, Legelsh., Willstätt, Ortenau, Wyhl, Teningen; špad, -t Ottersw., Kappelwi., verbr. oberes Brigach- und Bregtal; Pl.: šbed(ə)r Bühl (Rast.), Achern, Appenw., Altenhm, N.schopfhm, Hofw., Schutterw., Mahlbg, Kenzgn, Weiler (Vill.), Gütenb.; špadə Ottersw.; Dim.: šbedl Ottersd., Bühl (Rast.), Neusatz, Achern, Rheinbisch., Ottersw., Appenw., Altenhm (neben šbadl); šbǫdli̯ Ringshm; šbedli, -li̯ Tribg, Schiltach, Münchw., Lahr, Etthm, Endgn, Riegel, Eichstet. – n., m. (f. Rheinbisch., Auenhm, Buchenbg, Schönw., Vöhrenb., Eisenb.): **1)** ‚Flicken, kleines Stoffstück, Stoffrest' Marx 50, R. Baumann 84, Meng 172, G. Maier 139, Bayer 64, Ruf 36, Schwendemann Ort. 1, 81. 85, Schmider KK 91, Schwer 24, Ziegler 4, Klausmann 118; *ə šbǫd uf t hosə sędsə* Meng 172; *sezmr e Schbad in d' Hose* Braunstein Raa. 28; *i̯ mi̯əs gšwind ə šbǫdli drufnai̯ə* Ringshm; *n šbat t̯setsə* O.weier (Rast.)/ZfdMu. 1916, 286, ähnl. Sasb. (Achern); *ə šbat ufs lox* Waldau; *sie bräucht dezue (zum Flicken) en Spatt* St. Märgen/Schulheft 1970, 31; *s Brusttuech ... het Spetter* ‚ist ausgebessert, nicht mehr neu' Nitz 10; Ra.: *dr šnidr iš gšdorwə, d šbędli̯ keie rā* singen die Kinder, wenn Schnee fällt Etthm; ähnl.: *dr šnidr lost šbädle falle* Neusatz, Bühl (Rast.)/Beibl. d. Etth. Zeit. v. 16.4.1921. – **2)** nur Dim. **a)** ‚bunte Stoffteilchen für das Narrenkleid' Endgn und öfter. – **b)** pars pro toto ‚Bezeichnung für Narr im Spättlekostüm' Tribg, Breisach, Furtwangen/Wahr 31. – **3)** ‚Schandfleck' Bühl (Rast.), Achern, Ottersw., Eichstet./ZfdMu. 1916, 362f. – Weiteres → I ein 1cβ.; Syn. → I Riester. – DWb. 10/1, 2002; Els. 2, 550a; Fischer 5, 1489; Schweiz. 10, 584.

Spattel špadl Waghäusel. – m.: **1)** ‚überspannter, närrischer Mensch' 1895 eb./Umfr., BlBadVk. 174. – **2)** Neckname für die Bewohner von Kirrlach 1895 Waghäusel/Umfr., BlBadVk. 174, Zimmerm. hs. 285. – Pfälz. 6, 218.

Spättel → Spettel.

spätteln šbedlə Tribg. – schw.: ‚zusammenflicken' Fleig 119. – Zu → Spatt 1. – DWb. 10/1, 2003; Els. 2, 550b *(spattlen)*; Schweiz. 10, 585 *(spatten II)*.

Spatten šbǫdə, -a- Kappelwi., Moos (Bühl). – m.: ‚Flicken' Burkart 224. – Nebenf. zu → Spatt.

Spätter-bündel šbḗtərbi̯ndəl St. Märgen. – n.: ‚Bündel von Stoffresten' eb./Schulheft 1970, 31; *s iš forku, das dēr Sträfling us eneme Schbeterbündl e Glīgēr igrecht hät* ‚es kam vor, dass der Sträfling aus einem Sp. ein Lager (→ Geliger) eingerichtet hat' O. Fwgler 14. – Bestimmungsw. ist Pl. zu → Spatt.

Spätter-kiste šbedərkišdə Gütenb., St. Märgen. – f.: ‚Kiste mit Stoffresten' eb./Schulheft 1970, 31; *(im Winkili isch) ámol d Schbeterkischte gschtande* O. Fwgler 14. – Bestimmungsw. ist Pl. zu → Spatt.

spättern šbedərə Gütenb. – schw.: dass. wie → spätteln Strube Täik 29; *wenn sie uf d Schdeer (→ Stör) gange n-isch gi fligge n-oder schbeddere n-un biäze (→ büßen 1a)* eb. – Zu → Spatt 1.

Spätter-schachtel šbedəršaxdlə Waldau. – f.: dass. wie → Spätterkiste, wo zu Flickzwecken brauchbare Stoffreste aufbewahrt werden eb.

Spättle ‚Fastnachtsgestalt' → Spatt 2.

Spättle-bube m.: ‚Fastnachtsgestalt in einem → Häß 2b aus Spättle (→ Spatt 2a)' Furtwangen, früher auch Tribg W. Mezger 146.

Spättle-hansel m.: dass. wie → Spättlebube in verschiedenen Orten, wie Tribg, Furtwangen/W. Mezger 146, Offenb./eb. 150, Gengenb./eb. 153 und Möhrgn/Künzig Fasn. 72 sowie Wolfach/Orten. 1955, 135; *Schbädlihansili* Fleig 119. – Zum Grundw. vgl. Hansel 3b.

Spättle-häß n.: dass. wie → Bletzlehäß Offenb., Gengenb. u. ö.; *1200 Stoffstücke bedecken ein Gengenbacher Spättlehäs* Schicht 43. – Grundwort zu → Häß 2b.

Spättle-kleid n.: dass. wie → Bletzle-, Spättlehäß; „fast jedes Kind hat ein Spättlekleid" 1938 Breisach. – Bestimmungswort zu → Spatt 2a.

Spättle-madlee f.: ‚Hausacher Fastnachtsgestalt', seit 1950 W. Mezger 149 (mit Abb.); Fastnachtsruf der Kinder: *Spättlemadlee / hät Hoor an de Zäh, / hät Zoddle am Rock / und stinkt wie ä Bock!* eb. – Grundw. zu → Magdalena.

Spättler m.: ‚Name einer bestimmten Gestalt der ansonsten als *Schudi* (→ *Schauertag 2*) bezeichneten Narren', er ist „ganz mit gelben oder roten Läppchen behängt, trägt eine Maske und eine Zipfelkappe mit langem Schwanz, sowie eine Gerte mit Schweinsblase" KAPPELRODECK/ALEM. 39, 128.

Spättle-reigen m.: ‚Tanz der *Spättle* (→ *Spatt 2b*) bei der Breisacher Fasnet am Gauklertag, der am Sonntag und Dienstag stattfindet'; „*Der Spättlereigen ist ein alter Brauch.*" 1938 BREISACH.

Spat-vrenicher *šbōdfrēnixər* SCHOPFHM. – m.: ‚Apfelsorte, die um den Verenatag (1. September) zu reifen beginnt' GLATTES 40. – Zu → *Verena 1a*.

Spät-wacht f.: ‚Glocke im Überlinger Münster St. Nikolaus und die damit verbundene Sperrstunde', auch „*Schneider- oder Lumpenglocke*" genannt X. STAIGER 19; Anf. 16. Jh. *der thorhüter sei dann da, und soll zubeschliessen, wann man spetwacht lut* ÜBERL. STADTR. 236; *am aubendt, so man spatwacht verleuth, zuoschliessen* eb. 257; 1520 *wa es aber nach spatwacht beschicht, die straf 12 Pfund den* eb. 283. – Vgl. *Tagwacht*. – Fischer 5, 1489.

Spatz *šbads* verbr. in nahezu ganz Baden; *šbods* BETTGN; *šbāds* DERTGN, WERTHM; *šbāds* HECKF.; *šbads* WERB., U.-WITTIGHSN, KAPPELWI.; *šbāds* mancherorts Hanauerland, ALTENHM, KIPPENHEIMWLR, JECHTGN, GRISSHM; *šbats* NEUST., SCHWERZEN, KONST.; *špats* mancherorts SO-Baden; Pl.: *šbadsə* verbr. in nahezu ganz Baden; *šbadsə* REUTE (EMM.); *špatsə* DILLEND., ESCHB. (WALDSH.); Dim. meist *šbedsļ* oder *šbedslə* (oft nebeneinander); *šbedslə* mancherorts Kurpfalz; *šbedslin* MANNHM, EDGN, NECKARHSN, EBERB., PLANKST., SANDHSN; *šbedslin* RAPPENAU; *šbedsl* ÖSTRGN, MÖRSCH; *šbadslə* AUENHM; *špedsļ* WALDAU; *špatsļ* WEHR. – m.: **1) a)** Tiern. ‚Sperling, Passer domesticus, Passer montanus' PLATZ 302, HEILIG GR. 77, LENZ WB. 45a. 66b, LIÉBRAY 277, MEIS. WB. 176, 1976 ROHRB. (EPP.), NIEFERN, DILL-WEISSENSTEIN, BURKART 180, HARTMANN 71. 136, WILLINGER 32. 81, SCHECHER 70, METRICH 75, SCHWENDEMANN ORT. 1, 147, 1934 HORNBG (SCHWALDB.), HÄNEL 41, BRUNNER 78, BECK 151, MENZENSCHWAND, W. ROTHMUND 13, 1971 URACH, HÜFGN, BÜSGN, SINGEN A. H., JOOS 56. 252, HAGNAU, SCHWÄBLISHSN, O.SCHOPFHM/ZFHDMU. 1, 315, BALLENBG/ZFDMU. 1910, 366, O.WEIER (RAST.)/eb. 1916, 286, NEUDENAU/BAD. HEIM. 1973, 132, MESSK./HEGAU 1981, 27; *v Šbatz* REUTE (EMM.); *ən šbats* 1973 NEUST.; *Die Wildsäu draus im wilde Wald / Un uffem Feld die Schpatze* NADLER 188; *Wie ne freie Spatz / ... / flieg i um* HEBEL 46, 26; *Gang, deck im Spätzli au sy Tisch!* eb. 68, 30; *d šbadsə hewə desmōl alə khęrsə* (Kirschen) *gfręsə* ROEDDER VSPR. 530b; „*Warum bleiwe d' Schbaze bei uns?*" – „*Ha, weil die arme Deifl die deier Raais uf Afriga nät bezahle kenne!*" HUMBURGER 174; Ra.: *frax* (frech) *wü ə šbāds* ‚sehr frech' MENG 223, ähnlich ORTENBG/OCHS-FESTSCHR. 261; *esse wie en Schbads* ‚wenig essen' BRÄUTIGAM SO 125, ähnlich HUMBURGER 174; *dr šbats šlāgə* „ein Handgriff des Maurers" ETTHM; *Di hodd doch änn Schbadz* ‚sie hat einen Spleen; sie ist eingebildet' DISCHINGER 183; *jeddsd sinn allä Schbaddsä gfangä* ‚jetzt ist alles getan, alles in Ordnung' FREI SCHBR. 153; *Des peife jo die Schbadse vun de Descher* ‚das ist allgemein bekannt, hat sich herumgesprochen' BRÄUTIGAM MACH 116, ähnlich FREI SCHBR. 153, LITTERER 317, GÜTENB.; *des isch so viel wie de Schbatze gbfiffe* ‚es ist wenig / es ist nutz-, wertlos' HUMBURGER 174, ähnlich Elsenztal/ALEM. 25, 248 (s. u. → *pfeifen 1b*); über jem., der beim Grüßen die Kopfbedeckung nicht abnimmt: *der hot Schbatze underm Huut* HUMBURGER 174, ähnlich BRÄUTIGAM SO 125, 1935 DURB.; *da hätt ich können auf die Spatzen warten* ‚da hätte ich sehr lange warten können' FREIB.; über eine arme Gegend sagt man, *dört verrecke d'Spatze in der Ern* (Ernte), weil es dort für sie so wenig zu holen gibt LÖRRACH/MEIN HEIMATL. 1929, 62 (s. a. u. → *liederlich 3*); weitere Ra. unter → *I futtern B1a*, *Käner 1*; Sprichw.: *Liewa än Schbatz än dä Hond, als ä Daub uffem Dach* ‚behalte lieber das, was du gerade hast, statt nach möglicherweise Unerreichbarem zu streben' FORCHHM (KARLSR.), ähnl. LITTERER 317, GANTHER STECHP. 141 (s. u. → *II sieben 1*); weiteres Sprichw. unter → *Himmel 3*; Neckreim: *Oberlauder Ratze / Esse gere Spatze / ...* LAUDA/BLBADVK. 1908, 166; Volksreim: *Der Schbatz sitzt uff'm Dach / Die Schbätzin sitzt dernewe / Do sagd die Schbätzin zu dem Schbatz / Du bisch mein daused Lewe* 1894 ALLEMÜHL/UMFR. (vgl. dazu auch → *Dach 1, Tausendleben*); Wetterregeln unter → *Regen 1, regnen 1*. – **b)** Hausn. FREIB.; 1565/1654 *zum Spatzen* K. SCHMIDT HAUSN. 127. – **2)** übertr., sächlich. **a)** nur Pl., meist im Dim. ‚Mehlspeise, streifenförmig vom Brett geschabte oder durch eine Presse ins kochende Wasser gedrückte Teigwaren' HETTGN, 1894 BEROLZHM/UMFR., ROEDDER VSPR. 530a, 1949 EBERB., LIÉBRAY 277, HUMBURGER 174, MEIS. WB. 176, WAIBEL FO. 187, BURKART 15, MENG 159, MARX 50, BECK 161, SCHÄUBLE WEHR 138, 1973 ENGEN, Pfalz/ZFDMU. 1913, 350, KARLSR./BAD. HEIM. 1916, 51, HEIDELBG/eb. 1917, 79, Herbolzhm (BLEICH)/eb. 1969, 384; *Schbaddsä* HOCKENHM u. ö./FREI SCHBR. 153; *Schbedslä* BRÜHL u. ö./eb.; *Schbadse, Schbedsle* oder *Schbedslin* MANNHM/BRÄUTIGAM SO 125; *Schbetzlin werre vum Dääigbredd runnergschäabd, mim Messer ins koched Wasser nei, un des schmeckd so fei(n)!* LEHR KURPF. 115; *Senn-si schee schmaal, senn-s Schbēdzlinn, senn-si braaidä, gidd-s Schbadzä* DISCHINGER 184; *Schbēdzlinn midd Abflbrai oddä Gullasch* eb.; ein Gericht aus *Schbetzlin un Kadoffelschnitz* heißt *Verheierde* LEHR KURPF. 115 (s. a. u. → *verheiraten 2b*); in S-Baden ist das Syn. *Knöpfle/Knöpfli* (→ *Knopf 6b*) gebr.: *spędslī saibmər id: gnebflī* 1978 WALDAU; „neben *Knepfli* kommt *Spätzli* vor" 1919 FREIB.; *Spätzle neben Knöpfle* 1919 ACHERN und STOCKACH; Ra.: Drängen auf eine rasche Entscheidung: *maxə mv šbedslə odv esə mv də daig sō?* 1994 MANNHM, ähnlich 1946 FREIB. (s. u. → *fressen 2a*). – **b)** meist Pl., auch im Dim. ‚kleiner, flacher Kloß aus einem Mehlteig, in Wasser gekocht' BRUHR. 157, RASTATT/KRETSCHMER 295, SCHWERZEN, insgesamt eher nordbad. (vgl. → *Knopf 6a*). – **c)** *Spätzli* (oder *Spätzle*) *werfen* ‚Spiel, bei dem man einen flachen Stein über eine Wasserfläche hüpfen lässt' WOLFACH und mancherorts Breisgau/TEUTH. 3, 186; *spa(t)zen schlagen* dass. 1920 MUNZGN und NENZGN; vgl. *Spätzleschießen*. – **d)** *Spätsle maxə* ‚Kunststücke machen' BADEN-B. – **e)** ‚Penis', Kosewort, bei Kindern gesagt; *Schbēdzl* DISCHINGER 184. – **3)** übertr., pers. **a)** ‚Liebste/r, geliebtes Kind', Kosename BRÄUTIGAM SO 125, GÖTZ 50, FREI SCHBR. 153, DISCHINGER 183, HUMBURGER 174, BURKART 180. 219, auch im Dim. MUDAU, DISCHINGER 184, SCHÄUBLE WEHR 138; *Wenn häschs eigentlich 's erstmol gspanne, Spätzli ... , daß de mi gern häsch - so richtig gern?* JUNG BRÄGEL 59. – **b)** ‚dünnes, schwächliches Kind' BRÄUTIGAM SO 125. – **c)** Schelte: *fręxvr šbats* O.WEIER (RAST.)/ZFDMU. 1916, 286. – **d)** ‚Flegel', Schimpfn. DISCHINGER 183. – **e)** Übername eines als geizig geltenden Bauers ROEDDER VSPR. 530b. – **f)** Übername eines Bäckers U.WITTIGHSN. – **g)**

im Pl. Übername der Bewohner von Schwaningen DILLEND. – Mhd. *spatze, spaz*, laut KLUGE 683 vermutlich zu mhd. *sparwe, sperwe* ‚Sperling' gebildet. – Weiteres → *da 2, trinken 1, er 1aδ, fein 2, verbacken 2, Fink 1a, Maus 1, Sauerkraut 1, Schwabe 1, sitzen 2b, spannen 3b*; vgl. *Dreck-, Hecke(n)-, Malefiz-, Millionenmalefiz-, Rohr-, Wasser-, Zuckerspatz, Herrschafts-, Käs-, Leber-, Milch-, Münster-, Rahmspatzen, Schwabenspätzle*; zu Bed. 1a vgl. *Gespatz, Käsdieb, Schotte, Sperk, Zwilcher*. – DWb. 10/1, 2003; Els. 2, 552; Fischer 5, 1489; Pfälz. 6, 218; Schweiz. 10, 649; Südhess. 5, 1130; SUF VI, 48.

Spatz-beunde f.: FlN, Ackerland; *d spátzbin* DIERSHM/BAD. FLURN. I 6, 36. – Zum Grundw. vgl. → *Beunde*.

Spatzekamin m.: ‚Schornsteinfeger', in „halbem Scherz" Mittelbaden/ILBERGS JAHRB. 41 (1918), 136. – Wo Italiener als Schornsteinfeger tätig waren, treten in den Dialekten seit dem 17. Jh. an ital. *spazzacamino* angelehnte Bezeichnungen auf. Vgl. eb. und ZFDMU. 1920, 117. – Fischer 5, 1493 (*Spazakamin*).

spätzel(e)n *šbędslə* BREISACH; *šbędsələ* FREIB.; *špetslə* STOCKACH. – schw.: ‚Steine über eine Wasserfläche hüpfen lassen' gemeldet aus den genannten Orten. – Vgl. *Spatz 2c*; Syn. unter → *I schiefern 1*. – DWb. 10/1, 2007; Fischer 6/2, 3139; Schweiz. 10, 658 (jeweils andere Bed.).

Spätzels-müller m.: Übername eines Bäckers mit FN Müller; *dr šbędsəlsmįlvr* EBERB.

Spatzen-acker m.: FlN, schmales Ackerstück, das viel von Spatzen besucht wird, daher teils auch kurz *de spatz* gen. HILDMANNSF./BAD. FLURN. I 2, 20; *de spátzənacker* eb. – Südhess. 5, 1132.

Spatzen-bein *šbadsəbai* LÖRRACH. – n.: ‚dünnes, mageres → *Bein 2*'; auch als *bōnəšdęgə* ‚Bohnenstecken' bez. 1935 eb. – Vgl. *Spächele 2*. – DWb. 10/1, 2007; Pfälz. 6, 222; Schweiz 4, 1303; Südhess. 5, 1132.

Spatzen-brettle *šbadsəbrīdlə* O.SCHEFFL. – n. (Dim.): ‚kleines Küchenbrett, von dem die *Spätzle* (→ *Spatz 2a*) ins kochende Wasser geschabt werden' ROEDDER VSPR. 530. – Vgl. *Knöpflebrett*. – Fischer 5, 1492; Südhess. 5, 1134.

Spatzen-dreck *šbadsvdręg* REUTE (EMM.) – m.: 1) ‚Sperlingskot' REUTE (EMM.). – 2) im Dim. Name einer bestimmten Pralinenart, Spezialität des bis 1970 bestehenden Cafés Eichkorn in Emmendingen; *Spatzedreckli* 1966 EMMENDGN. – Zu Bed. 2 vgl. *Schmusmöckele, Schnäukerle 2*. – Els. 2, 750a; Fischer 5, 1492; Pfälz. 6, 223; Schweiz. 14, 764; Südhess. 5, 1132.

Spatzendreck-fresser m., Pl.: Übername für die Einwohner des benachbarten Örtchens Glashütte 1895 SCHWENNGN.

Spatzen-ei n.: ‚ein → *Ei 1* eines Sperlings'; hier in einem Größenvergleich verwendet: *seiñ ledderne Reiderhose / Mit diamantne Knöpp draň wie e Schpatzeai* NADLER 170. – DWb. 10/1, 2007; Pfälz. 6, 223; Südhess. 5, 1132.

Spatzen-flinte *šbadsəflind* SECKENHM. – f.: ‚Flobertgewehr', eine leichte Handfeuerwaffe, wohl abschätzig 1931 eb. – Vgl. *Flobert, Spatzengewehr*. – Pfälz. 6, 223.

Spatzen-frack m.: ‚feiner Gehrock'; *ufeimol kummt so ein mit so eme Spatzefrack un sait, i möcht jetz furtgoh* GANTHER STECHP. 119; *Der mit sim Spatzefrack* eb. – Weiteres → *schwarz 1b*; vgl. *Frack 1*. – Pfälz. 6, 223.

Spatzenfrack-bube m.: ‚junger Mann, der einen → *Spatzenfrack* trägt'; *Het m'r jo d'r Spatzefrackbue mi musgrau, abg'schossene, lange Riesemant'l zwische d'Diar niklemmt* GANTHER STECHP. 120.

Spatzen-gewehr n.: ‚Flobertgewehr', dass. wie → *Spatzenflinte; Habe ich ihm nicht das Spatzengewehr über die Achsel geschlagen, als er mir die Katze totschoß … ?* BURTE WILTF. 21f.

Spatzen-hafen *šbádsəhafə* HANDSCH., OFTERSHM. – m.: 1) ‚am Haus aufgehängter alter Topf als Nisthilfe für Sperlinge' LENZ WB. 10a. – 2) ‚unentschlossener Mann', gutmütig FREI SCHBR. 153; vgl. → *Zauderer*. – DWb. 10/1, 2008; Els. 1, 307; Fischer 6/2, 3139; Pfälz. 6, 223.

Spatzen-hals *šbadsəhals* SCHOPFHM; Dim.: *spadsəhälsle* BÜCHENBRONN. – m.: 1) ‚langer, dünner → *Hals 1*' 1935 SCHOPFHM. – 2) Spitzn. eines jungen Mannes mit eigentümlich langem Hals 1913 ETTHM. – Vgl. *Flaschenhals, Ganskragen*. – Els. 2, 552 (*Spatzenhälsle* unter *I Spatz 1*); Pfälz. 6, 223.

Spatzen-händler m.: ‚Gefreiter (militär. Dienstgrad)', scherzh./spöttisch „Baden"/ZFDMU. 1918, 186.

Spatzen-hirn *šbadsəhern* MANNHM. – n.: ‚kurzes bzw. schlechtes Erinnerungsvermögen'; *Du mid dōim Schbadsehern!* BRÄUTIGAM MACH 116. – DWb. 10/1, 2008; Fischer 5, 1492; Pfälz. 6, 223; Südhess. 5, 1133.

Spatzen-hof m.: Hofname in BERGALGN, auch *Lauberhof* genannt KRIEGER 2, 1029.

Spatzen-jagd f.: ‚gezieltes Erlegen von Sperlingen'; *Also hän halt d'Burger müeße uf d'Spatzejagd goh* LÖRRACH/MEIN HEIMATL. 1929, 62. Siehe dazu → *Spatzenmandat*.

Spatzen-kopf m.: ‚der → *Kopf 2* eines Sperlings'; *an Weihnachten muß jeder Mensch Fleisch essen, und wenn sieben an einem Spatzenkopf nagen müssen* 1895 SCHWENNGN; *jede Burger müeß „zu Vertilgung dieses Ungeziefers" jedes Johr 12 Spatzechöpf bi der Burgvogtei ablifere* (siehe dazu → *Spatzenmandat*) LÖRRACH/MEIN HEIMATL. 1929, 62. – DWb. 10/1, 2008; Fischer 5, 1492; Pfälz. 6, 224; Südhess. 5, 1133.

Spatzen-mandat n.: ‚Verordnung, dass jeder Bürger pro Jahr 12 Spatzenköpfe bei der Burgvogtei abzuliefern hat', aufgrund einer → *Spatzenplage*, 18. Jh.; *Wo der Landvogt Leutrum uf Löręch choo isch, het er derfür gesorgt, daß sell Spatzemandat zruckzoge worden isch* LÖRRACH/MEIN HEIMATL. 1929, 62.

Spatzen-nest n.: 1) ‚das → *Nest 1* eines Sperlings'; *Der gnädig Herr vun Rothenthurn / Trächt Schpore an de Füß, / Hebt Schpatzeneschter aus, un singt / Vun seiner Lieb so süß* NADLER 98. – 2) Hausn. FREIB.; 1565 *zum Spatzennest* K. SCHMIDT HAUSN. 127. – DWb. 10/1, 2008; Els. 2, 552 (unter *I Spatz 1*); Pfälz. 6, 224; Südhess. 5, 1133.

Spatzen-parterre *šbadsəbadēr* MANNHM. – n.: ‚Dachwohnung', scherzh. BRÄUTIGAM SO 125. – Vgl. *Juchhe 1*. – Pfälz. 6, 244; Südhess. 5, 1133.

Spatzen-plage f.: ‚massenhaftes Auftreten von Sperlingen und die durch sie verursachten Schäden beim Obst, Gemüse u. a.'; *Wie d' Markgräfler de Sunggäuer vo der Spatzeplog ghulfe hän* (Titel einer hist. Erzählung von Karl Herbster) LÖRRACH/MEIN HEIMATL. 1929, 62. – Pfälz. 6, 244.

Spatzen-scheue *šbadsəšī* AUENHM, WILLSTÄTT. – f.: dass. wie → *Vogelscheuche 1* MENG 265. – Pfälz. 6, 244; SSA IV/5.16; Südhess. 5, 1133.

Spatzen-schiss *šbadsəšįs* NEUDENAU. – m.: ‚Kleinigkeit', scherzh. eb. – Vgl. *Fliegenschißle, Muckenseckele*.

Spatzen-schlückle n. (Dim.): ‚ganz kleiner Schluck'; *Spatzeschlückli Finkebrösli / Sin für myni Lippe nüt* BURTE MAD. 126.

Spätzle ‚Mehlspeise' → *Spatz 2*.

Spätzle-bube m.: ‚männlicher → *Schwabe 1*', im Ggs. zu einem → *Schwabenmädle 1*, scherzh.; *Schpätzlebuube* (Pl.) 2005 SINGEN A. H. – Vgl. *Suppenschwabe*.

Spätzle-drucker m.: ‚Gerät zur Herstellung von Teigwaren', der Teig wird damit mittels eines Hebels durch einen Behälter mit Löchern ins kochende Wasser gedrückt; *Schbäzldrugger* ALTENHM/MARX 50. – Zu → *drucken 1a* u. *Spatz 2a.* – Vgl. *Knöpflemaschine*.

Spätzle-kelle f.: ‚eine Art → *Schaumlöffel*, um die Teigwaren abzuschöpfen'; *vum Walholz bis an d Spätzlichelle* JUNG BRÄGEL 77.

Spätzle-schießen *šbętsližięsə* HOLZHSN (EMM.). – n.: ‚Spiel, bei dem man einen flachen Stein über eine Wasserfläche hüpfen lässt' 1921 eb. – Vgl. *Spatz 2c, spätzel(e)n*.

Spätzle-schwabe m.: ‚Spitzn. der württembergischen (im Ggs. zu den bayerischen) Schwaben, wegen ihrer Leibspeise'; *Villeicht der Schpätzle-Schwob alleeñ dhät sich mit quäle* NADLER 181. – Vgl. *Knöpfle(s)schwabe*. – Fischer 5, 1493.

Spät-zwetschge *špöttswętšg* FRIESENHM; Pl.: *šbędtswędšə* SASBACHWA. – f.: 1) eine spät reifende Zwetschgensorte; *Spötizwetschke* (wohl Zusammenrückung aus urspr. *späte Zwetsche*) KENZGN/Die Pforte 5 (1985) Nr. 9/10, S. 68; *diə šbędtswędšə hęn ę bęsərį ąusbaidə* (Ausbeute) *wī diə bīlv fritswędšgə* (Bühler Frühzwetschgen) 1955 SASBACHWA. – 2) Übername eines Mannes mit FN *Spotthelfer* FRIESENHM/ORTEN. 1925, 173. – Vgl. *Frühzwetsche*.

Späuche in → *Gäulspäuche*.

spauchen, späuchen *šbauχə* mancherorts Raum SCHWETZGN, REILGN, RHEINSHM, PHILIPPSBURG, WIESENT.; *šbēχə* WEINHM, HEDDESHM; *šbēšə* mancherorts Kurpfalz; *šbeχə* DOSSENHM, HANDSCH., FEUDENHM; *šbešə* PLANKST.; *šbeχə* HANDSCH.; Part.: *gšbešd* LAUDENB., RIPPENW., SCHÖNAU (HEIDELB.); *gšbeχd* HEDDESHM; *gšbeχd* HANDSCH.; *gšbauχd* KETSCH, REILGN, WIESENT., SPESSART; *gšboχə* RHEINSHM. – schw., teils auch st.: **1) a)** ‚speien, spucken' H. SCHMITT² 85, HERWIG-SCHUHMANN 118, LEHR KURPF. 115, 1994 SECKENHM, LENZ WB. 66b, TREIBER 97, FREI SCHBR. 154, BRÄUTIGAM 73, HANDSCH./ZFDMU. 1, 25; beim Schärfen der Sense am Wetzstein ist es durchaus dienlich, auf diesen zu *šbauχə* ODENWALD MPH. 101. – **b)** ‚sich übergeben, erbrechen' H. SCHMITT² 85. – **2) a)** ‚fauchen', von Katzen HANDSCH./ZFDMU. 1918, 154. – **b)** ‚zischen', vom Ofen oder dem Bügeleisen gesagt, wenn Wassertropfen zischend auf der heißen Platte verdampfen HERWIG-SCHUHMANN 118; *de Offe speecht* H. SCHMITT² 85. – Lässt sich laut F. Kluge in ZFDW. 9, 317 auf ein mhd. *spiuchen* für *spiwechen* (als Variante von *spí(w)en* ‚speien') zurückführen. Es besteht lautlich tw. enge Berührung mit anderen mu. Formen von → *speien*, die schwer voneinander abzugrenzen sind. – Vgl. *spauen, späuen*. – ALA I, 70; DWB. 10/1, 2010; Pfälz. 6, 225; Südhess. 5, 1134 (*späuchen*).

Späuchets *šbēχəds* WEINHM; *šbēšəds* SCHRIESHM; *šbeχəds* HANDSCH. – f. in WEINHM, n. in HANDSCH.: ‚Speichel' H. SCHMITT² 85, HERWIG-SCHUHMANN 118, HANDSCH./ZFDMU. 1917, 150. – Zu → *spauchen, späuchen*. – Vgl. *Speichel*. – Pfälz. 6, 226 (*Späuchets*); Südhess. 5, 1135.

Spauch-, Späuchzich, -ig *šbēsdsiš* SECKENHM; *šbeχəsiš* NECKARHSN, EDGN, PLANKST.; *šbaiχdsiχ* SCHÖNAU (HEIDELB.); *šbišdsiš* OFTERSHM; *šbauχdsiš* SECKENHM, KETSCH, HOCKENHM, ALTLUSSHM, NEULUSSHM, REILGN, PHILIPPSBURG; *šbauχdsiχ* KARLSR. – n., m.: ‚Speichel, Spucke' FREI SCHBR. 154, KRANICH 85; zum Schärfen der Sense mit dem Wetzstein wurde *Spauchzich* genommen, wenn es an Wasser mangelte ODENWALD MPH. 101. – Zu → *spauchen, späuchen*, tw. viell. auch zu → *speien*. – Vgl. *Speichel*. – Pfälz. 6, 226 (*Spauchzich*); Südhess. 5, 1135 (*Späuchzig*).

Spauchzich-kotzer *šbauχdsiχkodsṛ* KARLSR. – m.: ‚Husten mit Schleimauswurf' KRANICH 85. – Zum Grundw. vgl. → *Kotzer 2*. – Vgl. *Keisteri*.

Spaudi *šboudi* GRIESB. (FREUDENST.); Pl.: *šbąudi* SCHUTTERWALD; *šboidis* N.SCHOPFHM. – f.: 1) ‚ausgeworfener Speichel, Spucke' 1932 GRIESB. (FREUDENST.). – Pl.: 2) Übername für die Bewohner von Niederschopfheim SCHUTTERWALD/SSA-Aufn. 2/3, ebenfalls Übername für die Bewohner von Hofweier N.SCHOPFHM/eb. Seit 1973 existiert in N.SCHOPFHM die Fastnachtsfigur *Späudi*. – Gehört zu → *spauen, späuen* ‚spucken', Hintergrund scheint das Ausspucken beim Tabakkauen zu sein. – Vgl. *Speichel*.

spauen, späuen *šbaugə* LIEDOLSHM, BEIERTHM; *šbagə* LINKENHM; *šbaujə* MÖRSCH; *šbaugə* MALSCH (ETTL.); *šbouwə* MUGGENSTURM; *šbouwə* SASB. (ACHERN); *šbouə* MALSCH (ETTL.), O.WEIER (RAST.), ROTENFELS, SASBACHWA., Achertal, neben *šbouə, -ö-* verbr. im Kinzigtal von OHLSB. bis BIBERACH, Nordrach-, Harmersbachtal, im ganzen Renchtal und den westlichen Orten der Rheinebene von URLOFFEN, APPENW. bis ORTENBG, DIERSBURG, MARLEN, MÜLLEN, SCHUTTERWALD, WALTERSW., WEIER, ICHENHM; *šboi(j)ə, -ǫi-* so und ähnlich verbr. südwestliche Ortenau, HAUSEN A. D. M., FELDBG; *šböijə* ALTENHM, SCHUTTERZ.; *šbauə* LAHR; *šböjə, -öi-* verbr. äußerstes SW-Baden; *špöiə* WEHR; Part.: *gšbogə* LIEDOLSHM; *gšboję* MÖRSCH; *gšbaud* MALSCH (ETTL.); *gšboud* ROTENFELS; *gšboud* APPENW.; *gšboit* KIPPENHEIMWLR, RUST; *gšböjd* NEUENWEG; *gšpöit* WEHR. – schw., teils auch st.: **1)** ‚speien, spucken' BEIERTHM/UMFR., F. SCHLAGER 62, HEBERLING 33, BAUR Kt. 77, G. MAIER 140, MARX 51, BRAUNSTEIN N I, 13, BAYER 65, SCHMIDER KK 91, KLAUSMANN Kt. 49, SCHULZE 45. 56, SIEFERT 168, BECK 81, SCHÄUBLE WEHR 138, O.SCHOPFHM/ZFHD MU. 1, 337, O.WEIER (RAST.)/ZFDMU. 1916, 288, FELDBG/MARKGR. 1933, 149; *ər hęt gšboit* METRICH 167; Ra.: *in d' Händ schpaue* (z. B. vor Arbeitsbeginn) BRUCKER WU. 15; scherzh. Spruch (Brauchtum) s. u. → *Rock 2b*. – **2)** übertr. ‚angeben' SCHÄUBLE WEHR 138; Ra.: *šböiə iš uŋgsund, hörš!* ‚aufschneiden tut nie gut!' 1936 SCHOPFHM; auch speziell in der Wendung *große Bogen sp.* ‚sich aufspielen': *dém hęnsis bsórigd, dęr šboud əds kai grösi bęgə mē* ‚dem haben sie gezeigt, der spielt sich jetzt nicht mehr auf' 1932 GENGENB.; vgl. auch → *spucken*. – Zu mhd. *spiuwen* und *spûwen*, beides Varianten von *spí(w)en* ‚speien'. Für ausführliche etym. Angaben vgl. SCHWEIZ. 10, 638f. – Vgl. *hineinspauen*; vgl. *spauchen/späuchen, spauzen/späuzen, speien*. – ALA I, 70f.; Els. 2, 553; Fischer 5, 1493 (*spaugen*) Pfälz. 6, 226; SDS IV, 79f.; Schweiz. 10, 632; Südhess. 5, 1135.

Späuer *šböiər* SCHOPFHM; *špöiər* WEHR. – m.: ‚Angeber' SCHÄUBLE WEHR 138; *dä šböiər!* ‚dieser Aufschneider!' 1936 SCHOPFHM. – Zu → *spauen, späuen 2*. – Vgl. *Späner 2*. – DWB. 10/2, 2082 (*Speier*); Schweiz. 10, 642 (*Spüwer*).

Spauets *šbaugəds* MALSCH (ETTL.); *šbowəds* MUGGENSTURM; *šbouəts* O.WEIER (RAST.) – m., n.: ‚ausgeworfener Speichel, Spucke' 1957 MALSCH (ETTL.), O.WEIER (RAST.)/ZFDMU. 1916, 288; Ra.: *des iš mr ə šbouəts* ‚das ist mir ein Leichtes' eb. – Zu → *spauen, späuen*. – Vgl. *Speichel*.

Späuet(s)(t)e *šbēǝdə* SINZHM; *šböwǝdsti* SEEB. (ACHERN); *šbojədə, -ǫj-* OTTENHM, KIPPENHEIMWLR, HAUSEN A. D. M., FELDBG; *šböjədə, -öi-* verbr. äußerstes SW-Baden; *šböüədsə* LÖRRACH. – f.: ‚ausgeworfener Speichel, Spucke' METRICH 165, GLATTES 42. – Zu → *spauen, späuen*. – Vgl. *Speichel*. – Els. 2, 533; Schweiz. 10, 642 (*Spü(w)ete*).

Spautes, Späutes *šbougdis, šbougdis* SCHUTTERWALD. – n.: dass. wie → *Spauets* BRAUNSTEIN N I, 13. – Zu → *spauen, späuen*. – Vgl. *Speichel*.

Spauz, Späuz *šbauds* WERTHM, mancherorts in ganz N-Baden, bes. Kurpfalz, Kraichgau, O.SCHEFFL., SANDW., SASB. (ACHERN), SCHUTTERWALD, RUST, SCHONACH, TRIBG, FELDBG, RADOLFZ.; *šbau̯ds* MÖNCHZ.; *šbei̯ds* PFAFFENROT, BÜHL (RAST.), OTTERSW.; *šbei̯ds* SINZHM, UNZH., NEUSATZ, SASBACHRD, BÜHLERT.; *šbai̯ds* BÜHLERT.; *šbẹ̄ds* SINZHM; *šbi̯ds* GREFFERN; *šböu̯ds* KAPPELWI., HOFW.; *šbou̯ds* NEUSATZ; *šbou̯ds* APPENW., SCHUTTERWALD, MÜNCHW., FAHRNAU, SCHOPFHM; *šböu̯ds* ALTENHM; *šboi̯ds* RUST; *špöi̯ds* (neben *špou̯ds*) WEHR; *špai̯ts* ESCHB. (WALDSH.); *špau̯ts* GÜTENB., GUTMADGN; *špou̯ts* GÜTENB., MÖHRGN; *šbau̯ts* (neben *šbei̯ts*) SUNTHSN; *špöü̯ts* SINGEN A. H.; *šbei̯ts* STOCKACH; *špei̯ts* STAHRGN, RADOLFZ., KONST.; *šbou̯ts* LIPPERTSR.; *šbui̯ds* MIMMENHSN; *šbẹ̄ds* KONST. – m.: **1) a)** ‚(ausgeworfener) Speichel, Spucke' PLATZ 302, HERWIG-SCHUHMANN 118, LEHR KURPF. 115, H. SCHMITT[2] 119, HUMBURGER 174, R. BAUMANN 85, MARX 51, RUST, SCHÄUBLE WEHR 138, W. ROTHMUND 10, KRAMER GUTMADGN 278, MÖHRGN, W. SCHREIBER 39, FUCHS 21, ELLENBAST 67, MIMMENHSN; *en Schbauz* ‚ein bisschen Spucke' BRÄUTIGAM So 126; Ra. unter → *Koder 1;* vgl. *Speiete.* – **b)** ‚Spritzer, kleine Flüssigkeitsmenge'; *e Dail Fraue diän au no en Schbauz Wii dezue* STRUBE TÄIK 117; *S isch elimol e weng en Schpouz überusipflätscht* O. FWGLR 64; Syn. → *Sprutz.* – **2)** übertr. **a)** ‚Kleinigkeit, Leichtigkeit, mühelos zu erledigende Sache' HERWIG-SCHUHMANN 118, LEHR KURPF. 115, LIÉBRAY 277, ODENWALD MPH. 101, SCHWARZ 77, LAUINGER 22, G. MÜLLER 5, BURKART 53, R. BAYER 24, MARX 51, BAYER 65, 1979 RUST, FLEIG 119, 1934 SCHOPFHM, KRAMER GUTMADGN 278, ELLENBAST 67, JOOS 189, LIPPERTSR.; *ǝ Spauz* 1978 FELDBG; *dǝ Schbouz* SCHWENDEMANN ORT. 3, 90; *des isch an schbauds* ‚das schaffe ich mühelos' WAGNER 186, ähnlich BRÄUTIGAM So 126, H. SCHMITT[2] 119, BRAUNSTEIN RAA. 28 u. ö.; *des is for den ǝn Schbauds!* ‚das ist für ihn eine Kleinigkeit' PLATZ 302; *dǝs isch en Spouz für mī!* SCHÄUBLE WEHR 138, ähnlich FREI SCHBR. 153, DISCHINGER 183 u. ö.; *deš miǝr ǝn šbauts* SUNTHSN, ähnlich LENZ WB. 66b, ROEDDER VSPR. 530b, MEIS. WB. 176b u. ö.; *des wär mir en Schbauz* ‚das wäre eine Leichtigkeit für mich' HUMBURGER 174, ähnlich 1918 ROHRB. (EPP.), REICHERT 55; vgl. *Furz 2, Hafenkäse 2, Lappalie, Nasenwasser.* – **b)** ‚Spaß, Vergnügen' SCHWARZ 77, FLEIG 119; *wie zum Spauz* ‚wie zum Vergnügen' BURTE WILTF. 296; vgl. *Pläsier.* – Zu → *spauzen, späuzen* (vgl. die etym. Angaben dort). – Vgl. *Gespauz;* vgl. *Speichel.* – DWb. 10/1, 2010; Fischer 5, 1521 (*Speuz*); Pfälz. 6, 227; Schweiz.10, 660; Südhess. 5, 1135.

Spauze, Späuze „*speize*" Moos (BÜHL); *šböu̯dsi* MÖSB.; *šböu̯dsi* KAPPELRODECK; *šbi̯dsi* WILLSTÄTT, HOHNH.; *šbei̯dsǝ* SEEB. (WOLF.); *šbou̯dsi* WELSCHENSTEINACH; „*Speuzi*" LÖRRACH u. UMG. – f. (m. in Moos (BÜHL)): ‚Speichel, Spucke' TRAUTWEIN 3. – Zu → *spauzen, späuzen* (vgl. die etym. Angaben dort). – Vgl. *Speichel.* – DWb. 10/1, 2197 (*Speuze*); Schweiz. 10, 667 (*Späuzi*); Südhess. 5, 1166 (*Speuze*).

Späuzel *šbi̯dsǝl* RHEINBISCH.; *šbai̯dsl* SCHWERZEN. – m.: ‚Speichel' ZIMMERM. HS. 286. – Vgl. *Speichel.* – DWb. 10/1, 2197; Fischer 5, 1521 (jew. *Speuzel*); Schweiz. 10, 661.

späuzeln *šbi̯dslǝ* SCHUTTERWALD, HOFW., OTTENHM; *šboi̯dslǝ* FREIAMT; *špai̯tslǝ* so u. ähnl. verbr. südl. von BONND. I. SCHW., Klettgau; *špǫi̯tslǝ* STÜHLGN; *špöi̯tslǝ* TIENGEN (WALDSH.); *špöi̯tslǝ* GAILGN, RANDEGG, LOTTSTET.; *špẹ̄dslǝ* LITZELSTET., KONST.; *špui̯tslǝ* so u. ähnl. mancherorts äußerstes SO-Baden. – schw.: **1)** ‚speien, spucken' HEIMBURGER 227, SEIDELMANN BOD. 185, spez. ‚scharf spucken' BRAUNSTEIN N 1, 13, BAYER 65. – **2)** ‚Essen oder Speichel mit leichten Spuckbewegungen aus dem Mund schaffen', bes. von Kleinkindern gesagt FREIAMT. – **3)** ‚sich heftig sträuben' SCHWERZEN. – Vgl. *spauzen, späuzen* sowie die dortigen Angaben zur Etym. – DWb. 10/1, 2197 (*speuzeln*); Els. 2, 553; Fischer 5, 1509 (*speizlen*). 1521 (*speuzlen*); Pfälz. 6, 227; Schweiz. 10, 667; SDS IV, 79f.; Südhess. 5, 1135.

Späuzeme *šbei̯dsǝmǝ* MÜHLENB. – f.: ‚Speichel' 1932 eb. – Zu → *spauzen, späuzen.* – Vgl. *Speichel.*

spauzen, späuzen *šbẹ̄dsǝ* KRENSHM, in WERTHM neben *šbẹds*; *šbẹ̄ds* DERTGN; *šbẹds* mancherorts östl. der Tauber; *šbadsǝ* SACHSENHSN, HUNDHM, TAUBERBISCHOFSHM, in WERB. neben *šbads*; *šbädsǝ* mancherorts Taubergrund; *šbẹ̄dsǝ* mancherorts Bauland; *šbedsǝ* WERTHM, ROSENBG; *šbẹ̄dsǝ* MANNHM, FRIEDRICHSD., BEROLZHM, OSTERBURKEN, LOHRB.; *šbẹ̄ǝdsǝ* LIMB.; *šbẹ̄dsɒ* MÖRSCHENHARDT; *šbau̯dsǝ* MONDF. mancherorts Kurpfalz, verbr. Bruhrain, BADEN-B., FREIB., ST. PETER; *šbau̯sǝ* (neben *šbai̯sǝ*) SANDW.; *šbai̯dsǝ* FREUDENGB, O.WEIER (RAST.), BADEN-B., BÜHLERT., FORB.; *šbaedsǝ* HERRENWIES, ERBERSBRONN, KIRSCHBAUMWASEN; *šbei̯dsǝ*, -ei- mancherorts zw. Murg und Rench, AUENHM, LEGELSH., STAHRGN; *šbi̯dsǝ*, -i- OTTERSD., SANDW., verbr. Hanauerland, O.SCHOPFHM; *šbou̯dsǝ*, -ou̯- SCHONACH, ST. PETER, NEUK.; *šbei̯tsǝ*, -ei̯- SUNTHSN, STOCKACH, BODMAN, LUDWIGSHAFEN, SIPPLGN; *špei̯tsǝ* GUTMADGN, MÖHRGN, RADOLFZ.; *špei̯dsɒ* HATTGN; *špöü̯tsǝ* SINGEN A. H.; *špeu̯tsǝ* WORBLGN; *špẹ̄tsǝ* verbr. östl. Hegau, Höri, Bodanrück, mancherorts Linzgau; *šbētsǝ* KONST.; *šbui̯dsǝ* FRICKGN, MIMMENHSN; Part.: *gšbau̯dsd* MONDF.; *gšbẹdsd* WERTHM; *gšbẹdsd* verbr. östl. der Tauber; *gšbadsd* HUNDHM, WERB., TAUBERBISCH.; *gšbädsd* mancherorts Taubergrund; *gšbẹ̄ǝdsd* MÖRSCHENHARDT, LIMB.; *gšbẹ̄dsd* MUDAU, HETTGN, O.SCHEFFL., U.KESSACH; *gšbẹ̄dsd* FRIEDRICHSD., LOHRB., OSTERBURKEN; *gšbi̯dsd* HONAU, ECKARTSW., KORK; *gǝšbei̯dsd* LEGELSH.; *gšbou̯tst* NEUK.; *gšbei̯dst* STAHRGN. – schw.: **1) a)** ‚speien, spucken' PLATZ 302, HEILIG GR. 86, ROSENBG/UMFR. ROEDDER VSPR. 530b, BRÄUTIGAM SO 126, LEHR KURPF. 115, G. MÜLLER 36, MANGOLD 31, RUF 36. 41, R. BAUMANN 85, BAUR KT. 77, HARTMANN 175. 179, MENG 124, WILLINGER 178. 189, SCHWEICKART 10. 70, SCHECHER 155. 163, KRAMER GUTMADGN 278f., KIRNER 179. 359, W. SCHREIBER 39, SEIDELMANN BOD. 185, ELLENBAST 67, JOOS 189, E. DREHER 37, FORB./ALEM. 24, 22, O.SCHOPFHM/ZFHDMU. 1, 337, OTTERSD./ZFDMU. 1914, 339, O.WEIER (RAST.)/eb. 1916, 286, BADEN-B./eb. 1917, 160, HANDSCH./eb. 1918, 154, Hegau/DER HOHENTW. 1924, 73, SACHSENHSN/WERTHM. JB. 1953, 72; *ǝr hẹd im i s ksixt* (Gesicht) *gšbei̯dst* STAHRGN; *do spatzt der Hannes neĩ seĩ Hen* ‚da spuckt der Hannes in seine Hände' Taubergrund/J. DÜRR 38. – **b)** ‚sich übergeben, erbrechen' PLATZ 302. – **2)** ‚spritzen' SCHONACH; *d Kanone* (in die Schulbank gebohrte Löcher) *hämer mit Grifelschpizede gfült, un wemer dro zum Zündloch nĩblôst hät, hätes wältsmäßig gschpouzt* O. FWGLR 70. – **3)** ‚hervorsprudeln, herabstürzen, -platschen', von Wasser, Kuhfladen und anderem NEUK./M. BRAUN 147, 1936 ST. PETER. – **4)** ‚fauchen', von gereizten Katzen, auch auf gereizte Menschen übertr. HANDSCH./ZFDMU. 1918, 154, BRUHR. 157, HATTGN; *di hot gšbẹdst wi ǝ wildkhads* ROEDDER VSPR. 530b. – Die hier zusammengefassten Formen gehen alle auf Varianten/Nebenformen von mhd. *spiuwezen, spíwezen, spúwezen* ‚speien' zurück. Zu nennen sind hier bes. mhd. *spiutzen, spûtzen* (LEXER MHD. 2, 1103), *spíezen* (DWB. 10/1, 2131), *spöuwezen (SCHWEIZ. 10, 666), *speitzen (HEILIG GR. 86). – Weiteres → *Ölmase*; vgl. *an-, voll-, hineinspäuzen*; vgl. *spauen/späuen, speien.* – DWb. 10/1, 2010. 2197 (*speuzen*); Fischer 5, 1521 (*speuzen*); Pfälz. 6, 227; Schweiz. 10, 662 (*späuzen*); Südhess. 5, 1135f. (*späuzen*). 1167 (*speuzen*).

Spauzerei f.: ‚Spuckerei'; *Spazzerei* WERB.

Spauz(e)te, Späuz(e)te š́bidsəd OTTERSD., HÜGELSHM, IFFEZHM, WINTERSD., verbr. Hanauerland; š́bidsəd DIERSHM; š́bidsə MARLEN; š́beidsəd AUENHM; š́beidsəd LEGELSH.; š́boudsdi APPENW.; š́böwdsdi NUSSB. (OBERK.); š́böudsdi HASLACH (OBERK.); š́boudsədi OTTENHÖFEN; š́böudsdə GOLDSCHEUER, KITTERSBURG, ALTENHM, DUNDENHM, MEISSENHM; š́böidsdə (neben š́baudsdə) ALTENHM; š́böudsdə ICHENHM; š́baudsədi PETERST.; š́boudsədə STEINACH; š́boudsədə (neben š́beidsədə) EINB. (HAUS.). – f. (n. in OTTERSD.): ‚Speichel, Spucke' HARTMANN 162, MENG 124, WILLINGER 175, SCHWEICKART 62, SCHECHER 153, G. MAIER 140, FOHRER 35, OTTERSD./ZFDMU. 1914, 339. – Zu → *spauzen, späuzen* (Etym. s. d.). – Vgl. *Hexenspäuzet*; vgl. *Speichel.* – ALA I, 69; Schweiz. 10, 667.

Späuzets š́bidsəts OTTERSD. – n.: ‚(ausgespuckter) Speichel'; *das Schbitzets* RUF 36.

Späuzge š́böudsgə SCHUTTERZ. – f.: ‚Speichel' 1932 eb. – Zu → *spauzen, späuzen.* – Fischer 5, 1521.

Spauzich, Späuzich, -ig š́bẹdsix̣ WERTHM; „Schbeizig" FREUDENBG; š́bádsix̣ mancherorts Taubergrund; š́bẹdsi MUDAU, HAINST., HETTGN, O.SCHEFFL., ADELSHM; š́badsi ROSENBG; š́bādsiš (neben š́bādsix̣) WIESLOCH; š́baidsix̣ HEIDELBG (neben š́baudsix̣), RAPPENAU, JÖHLGN, BADEN-B.; š́baidsix̣ ÖSTRGN; š́baidsig MÖRSCH; š́bidsig KORK; š́bidsix̣ WILLSTÄTT; š́boidsig, -ix̣ mancherorts Mittelbaden; š́böudsig MÜLLEN, HOFW., GENGENB., STROHB., O.HARMERSB., REICHENB. (Lahr), SCHÖNBG (Lahr), SEELB., BIBERACH; š́böudsig BOHLSB.; š́böüdsig BERGHAUPTEN; š́böidsig HOFW.; š́bọdsig ORTENBG; š́baudsig (neben š́budsig) LAHR; š́boudsig ZELL A. H., SCHUTTERT.; š́bẹidsig HOFSTET.; dreisilbige Formen (Pl./Kollektivum?): š́böidsigə KÜRZ., N.SCHOPFHM, LANGENWI.; š́boidsigə O.SCHOPFHM, N.HAUSEN, RINGSHM; š́boidsigsdə OTTENHM; š́böüdsigə O.HARMERSB.; š́beidsigə MÜNCHW. (neben š́beidsix̣ə), WYHL, BLEICHHM, OTTOSCHW., RIEGEL; š́bẹidsigi ELZACH; š́bẹidsəgə JECHTGN, ACHKARREN, MERDGN. – alle drei Genera vertreten, wobei nördl. eher m., n. und südl. eher f. zu gelten scheint: ‚(ausgeworfener) Speichel, Spucke' MAI 191, HEILIG WB. 17, GÖTZELMANN 381, MANGOLD 31, ROSENBG/UMFR., ROEDDER VSPR. 530b, DISCHINGER 183, SCHWARZ 77, MEIS. WB. 176a, BAYER 65, EICHRODT 185, SCHMIDER KK 91, BRUCKER WU. 17, SCHWENDEMANN ORT. 1, 5, ZIEGLER 47, BRUNNER 237, RAPP./ZFHDMU. 2, 115, HETTGN/ZFDMU. 1916, 150, RAPP./eb., BADEN-B./eb.; *Wenn d' net weg gee(i)scht, mach i di voll Schbäzi* ‚wenn du nicht weg (aus dem Weg) gehst, spucke ich dich an' HUMPERT MUDAU 206; *D'r Höllmichili awwer het d'r Kuderpfropfe mit Speizig naß g'macht* GANTHER STECHP. 36. – Zu → *spauen/späuen, spauzen/späuzen* (vgl. die dortigen etym. Angaben). – Vgl. *Speichel.* – ALA I, 69; Els. 2, 555; Fischer 5, 1521 (*Speuzig*); Pfälz. 6, 231; Südhess. 5, 1137. 1167 (*Speuzich*).

Spauz-teufel m.: ‚Häufchen angefeuchtetes Schießpulver', selbst gebastelter Feuerwerkskörper, der unter Zischen/Knistern abbrennt (vgl. → *spauzen/späuzen 2*); *Spauzdeifel* KARLSR./BAD. HEIM. 1916, 55; *Schpauzdeifel knotsche* (→ *knotschen 1b*) *aus de üwwrige Batrone, / ... / Daß 's*

nor recht pratzle (→ *bratzeln 2*) *soll!* NADLER 68. – Vgl. *Feuer-, Speiteufel.* –Pfälz. 6, 231; Südhess. 5, 1137.

Späu(z)-trog š́baịdrọk TODTM. – m.: ‚Spucknapf' eb.; *Speizdrēgli* HINTSCHGN. – Vgl. *Speikistle.*

Spaz(es) š́bādsi(s) MÜLLHM; š́bāds MAUCHEN (STÜHL.). – m.: **1)** allg. ‚Spiel-, Zwischenraum, Abstand' MAUCHEN (STÜHL.); *Spazis* 1932 N.WASSER; *schpazes* HOLZEN; š́bādsis hā ‚sich frei bewegen können, genügend Platz haben' MÜLLHM. – **2)** spez. ‚Abstand zwischen zwei Häusern (Brandschutz)'; *ein Spazi* („alte Bezeichnung") 1950 STÜHLGN. – Mu. Form zu *Spatium*, das im 15. Jh. aus dem Lat. entl. wurde (vgl. DWB. 10/1, 1997). – Vgl. *Absatz 3, Luft 3, Schlupf 2b.d.* – Els. 2, 553 (*Spazi*); Fischer 5, 1493; Schweiz. 10, 643; Südhess. 5, 1138 (*Spazius*).

spazieren š́bv̩dsív̩n HANDSCH.; š́badsīv̩rə mancherorts Kurpfalz, ÖSTRGN, MÖRSCH; š́badsīrnə O.SCHEFFL.; š́badsīrə OFTERSHM, RAPP., PFORZHM, SANDW.; š́batsīrə WEHR; š́bātsīrə KONST.; Part.: gš́badsīrd O.SCHEFFL.; š́badsīvd RAPP.; gš́patsīərt WEHR; kš́batsīərt LIGGERSD. – schw.: ‚gemächlich, zum Vergnügen gehen, meist ohne festes Ziel' FREI SCHBR. 153, LENZ WB. 66b, LIÉBRAY 277, DISCHINGER 183, MEIS. WB. 176b, G. MÜLLER 48, SCHÄUBLE WEHR 138, E. DREHER 94, JOOS 194; 1711 *hatt mitt unß spatzirt* ELIS. CHARLOTTE/LEFEVRE 135; 1715 *In dießem augenblick komme ich vom spatziren* eb./LITER. VER. 107, 649; *un am ōbəd ẹ wẹg š́badsīrə midəm mā* 1984 GÖGGINGEN; *O! Leutenant! - voll Rachbegier / Bist du hierher spazieret* NADLER 132; *er hät gseit, es sei fil schöner wemèr am moriga friai in de Kölerwald ufi schpazièrig* O. FWGLR 37; Ra.: *dər hot s maul dsə wait gš́badsīrt gəlost* ‚der hat sich verrannt' ROEDDER VSPR. 530; Neckvers auf die Kinderschüler: *kenərši(ə)lər, subədri(ə)lər, nim dəe löfəla mit š́badsīrə* PFORZHM, ähnl. unter → *Löffel 1.* – Mhd. *spa(t)zieren, spacieren*, entl. aus it. *spaziare.* – Weiteres → *voll 1e, Trinkgeld*; vgl. *durch-, herein-, umeinanderspazieren*; vgl. *fegen 6, manschakern, schlendern, spazierengehen, -laufen.* – DWb. 10/1, 2011; Els. 2, 553; Fischer 5, 1493; Pfälz. 6, 231; Schweiz. 10, 645; Südhess. 5, 1137.

spazieren-fahren š́badsīrəfārə LICHTENAU, KONST. – st. intrans. u. trans.: ‚zum Vergnügen (mit einem Fahrzeug) umherfahren' DISCHINGER 183; *Wann ich schpazierfahr dann und wann* NADLER 160; *wẹmv̩ š́badsīrə hed welə fārə* 1975 RHEINBISCH.; *un dan wịrdəd īr di altə lẹit š́badsīrəfārə* KONST.; subst.: *des iš blōs dsum š́badsīrəfārə bənudsd wōrə* 1975 LICHTENAU. – Vgl. *herumfahren 2, schesen 1.* – DWb. 10/1, 2018; Fischer 5, 1493; Pfälz. 6, 232; Schweiz. 10, 646.

spazieren-führen š́badsīrəfīrə mancherorts Kurpfalz; š́badsīrəfērə mancherorts BRUCHSAL u. Umg. – schw.: ‚jem. oder etw. zum Vergnügen herumführen oder → *spazierenfahren* (trans.)' P. WAIBEL 74. – Vgl. *führen 1a. 3.* – DWb. 10/1, 2018; Pfälz. 6, 231; Schweiz. 10, 646; Südhess. 5, 1137.

spazieren-gehen š́badsīrəgē ÖSTRGN; š́badsīrəgau TRIBG. – st.: dass. wie → *spazieren* DISCHINGER 183, SCHWENDEMANN ORT. 3, 90, FLEIG 119, 1972 DÖGGINGEN, BAUM DIPFILI 9; *ị gay ẹ wẹg š́batsīrə* 1972 VÖHRENB.; *s išt əmōl ən pfar š́patsiərə kañə* C. HAAG 128; *se gang i in myne Gidanke / uf der Strooß spaziere* HEBEL II, 62; *sunigsmịdāgs sịmv š́badsīrəgoyə nŏx əm mịdagəsə* 1955 AU A. RH.; *... do muß der Prälat / Zum Unglück ... schpaziere gehn grad* NADLER 102; *Is des for unser Freundschaft jetz der Lohn, / Daß ich so manchi schöni Owendschtund / Schpaziere gange bin mit Ihrem Hund?* eb. 200; Ra.: *d' Zung spaziere geh' losse* ‚mehr reden als man sollte' LEHR KURPF.[2] 170, ähnl. Ra. unter → *Maul 2c*; Neckvers auf Kinderschüler unter → *Suppentrieler.* – Weiteres → *blau 1, kommlich, Mädle 1c, Maitag 2, Sonntagskleid,*

Spazierstock; vgl. *spazierenlaufen*. – DWb. 10/1, 2015; Els. 2, 553; Fischer 5, 1493; Pfälz. 6, 232; Schweiz. 10, 645; Südhess. 5, 1137.

spazieren-gucken *šbadsįvrəgugə* ÖSTRGN, TRIBG. – schw.: ‚geruhsam vom Fenster aus dem Geschehen draußen zuschauen' FLEIG 119; *Gë, said nemmee raus kånnsch, dusch hald schbadziërä guggä* DISCHINGER 183. – Vgl. *hinausvisieren, spazierenlugen*. – Fischer 5, 1494; Pfälz. 6, 232; Südhess. 5, 1138.

spazieren-laufen *šbadsįvrəlaufə* TRIBG; *šbatsīrəloufə* mancherorts Hegau. – st.: dass. wie → *spazieren* FLEIG 119, FUCHS 77b, STOCKACH/HEGAU 1972/73, 199; *mer laufen-e weŋ špaziərə* SCHÄUBLE WEHR 138; *nọ biŋ i ẉidv mōl šbatsīrə glofə* 1981 BONND. (ÜBERLGN); *iš də feldwēbl mįd dẹm šbatsīrəglofə wērndəm diənšt* 1978 GRISSHM; *am ẹ sųndig wō d lid šbadsīrəglofə siŋ* 1955 NORDRACH; *dẹr iš fašt tēgliχ šbadsīrəglaufə dų́rχ mai wald* FURTWANGEN. – Zu → *laufen 1a* ‚gehen'. – Vgl. *spazierengehen*. – DWb. 10/1, 2018; Fischer 5, 1493; Pfälz. 6, 232; Südhess. 5, 1138.

spazieren-lugen schw.: dass. wie → *spazierengucken*; auch als Grußformel beim Vorbeigehen: *spaziere lueje?* ALTENHM. – Grundw. ist → *lugen* ‚schauen'.

Spazier-gang *šbadsįrgoŋ* KRENSHM, GRIESB. (FREUDENST.); *šbadsįrgaŋ* HOFSTET., PFULLEND.; *šbadsįərgaŋ* LIEL. – m.: ‚geruhsames Gehen einer Strecke zur Erholung'; *uŋ na heŋ si ẹ šbadsįrgaŋ gmaxd* 1970 HOFSTET.; *da xönə si šen šbadsįərgaŋ maχə dọ im wald* 1977 LIEL; *mẹr wen amend doch no e klei Schpaziergängli mache, sisch grad e so schö Wêter* O.FWGLR 21. – Vgl. *Sonntag(s)spaziergang*, vgl. *Ausfall 2, Tur 2a*. – DWb. 10/1, 2019; Els. 2, 553; Fischer 5, 1494. 6/2, 3139; Pfälz. 6, 232; Südhess. 5, 1138.

Spazier-hölzer Pl.: ‚Beine', scherzh. MANNHM GR. 178. – Vgl. *Hachsen, Kunkel 2*. – DWb. 10/1, 2022; Els. 1, 332; Fischer 5, 1494; Pfälz. 6, 232; Südhess. 5, 1138.

Spazier-stecken *šbadsįvšdegə* so und ähnlich mancherorts Kurpfalz; *šbadsįršdegə* O.SCHEFFL., TRIBG; *špatsįəršṭekə* MÖHRGN; *šbatsīršdegə* SAULD.; Pl. wie Sg.; Dim.: *šbadsīršdegələ* O.SCHEFFL. – m.: dass. wie → *Spazierstock* FREI SCHBR. 153, BRÄUTIGAM SO 129, HERWIG-SCHUHMANN 119, ROEDDER VSPR. 530b, FLEIG 121, KIRNER 464; *nọ họtr sei hend uf dr šbatsįršdegə glēgt* 1981 SAULD. – Zum Grundw. vgl. → *Stecken*. – Vgl. *Laufstecken 1*. – DWb. 10/1, 2024; Els. 2, 581 (*Spazierstéckel*); Pfälz. 6, 232; Schweiz. 10, 1654; Südhess. 5, 1138.

Spazier-stock *šbatsįrštok* KRENSHM; *šbadsįršdok* NORDRACH; *šbadsįvrštok* REUTE (EMM.); *šbådsēršdok* SCHWÖRST.; Pl.: *šbadsīršdeg* HÜGELHM. – m.: ‚hölzerner → *Handstock*, der beim → *Spaziergang* mitgeführt wird'; *mī šbadsįršdok wō i bī mv gho hab* 1955 NORDRACH; *früjv dọ họd mv n aldə šbatsįrštok ghabt mįt dẹm iš mv šbatsįrəgoŋə* 1972 KRENSHM; Ra. (Winzerspr.): *s gid ludər šbadsįršdeg* gesagt, wenn bei Trauben die Beeren abfallen / sich unerwünschte Gabeln (s. u. → *vergabeln*) bilden KRÜCKELS 58. – Vgl. *Vereins-, Hakenstock, Haken-, Spazierstecken*. – DWb. 10/1, 2024; Els. 2, 585; Fischer 5, 1494; Pfälz. 6, 232; Südhess. 5, 1138.

Spazier-wegle n. (Dim.): ‚Gehpfad (zwischen zwei Beeten)'; *Spazierwegel* BADEN-B. – DWb. 10/1, 2024; Fischer 6/2, 3140; Pfälz. 6, 233; Schweiz. 15, 845.

Spech-bach *šbēχ-, šbex-, šbešbax* SINSHM u. Umg. – ON: Dorf südöstl. von Heidelberg HUMBURGER 187. – Ahd. *Specka*, mhd. *Spehbach* ZFORTSN. 7, 113.

Spechels-grund m.: FlN HANDSCH.; dazu 1790 *Spechelsgrunder Hang* und *Spegelsgrunder Richtweg* BAD. FLURN. III 4, 66, sowie „*spechelsquell*" und „*spech'lsgrundgrave*" eb.

spechen ‚speien, spucken' → *spauchen, späuchen*.

Spechets ‚Speichel' → *Späuchets*.

I **Specht** *šbeχt, -ẹ-* WERTHM, BALLENBG, O.SCHEFFL., RAPP., MÖRSCH; *šbēχd* HANDSCH., HETTGN; *šbešd* OTERSHM; *šbēχt, -d* KAPPELWI., OTTERSD.; *šbäxt* ALTENHM; *šbqxd* MÜNCHW., BURKHM, LÖRRACH; *špext* ESCHB. (WALDSH.); *šbääxt* KONST.; Pl.: *špextə* ESCHB. (WALDSH.). – m.: 1) Tiern. ‚Vogel aus der Familie der Picidae' PLATZ 302, ROEDDER VSPR. 530b, MEIS. WB. 178a, LENZ WB. 66b, LIÉBRAY 277, BURKART 83, SCHWENDEMANN ORT. 2, 39, BECK 143, W. ROTHMUND 13, JOOS 91, BALLENBG/ZFDMU. 1910, 366, OTTERSD./eb. 1914, 344; 1894 *Spahcht* DERTGN/UMFR.; *dr šbacht hqmerlet* BURKHM. – 2) **a)** FlN; 1429 *von einem Garten h spechten gart* HOCH-D./ROOS 251; 1492 *am Specht* RIEGEL/eb.; *spechte ek* BAD. FLURN. I 6, 36. – **b)** Hausn. FREIB.; 1359 *zum specht in der Abtsgasse* K. SCHMIDT HAUSN. 127; 1460 *zem grienen Specht* eb. – Ahd. *speh(t)* ‚Specht'. – Vgl. *Bach-, Blumen-, Bunt-, Fleckle-, Ge-, Grün-, Schluckspecht*; vgl. *Baumpicker, Holzkuller, lächerig 2, I Michel 2eß, narricht 2a, Regenmichel, Ronenpicker, -popper, Zimmermann*. – DWb. 10/1, 2025; Els. 2, 534; Fischer 5, 1494. 6/2, 3140; Pfälz. 6, 233; Schweiz. 10, 46; Südhess. 5, 1138.

II **Specht** „*schpecht*" FREIB., MÖHRGN. – m.: dass. wie → *Spächtel 2a* FREIB./BADENER LAND 1923, 85, MÖHRGN/ALEM. 34, 236.

† *I* **spechten** schw.: ‚schwatzen'; 1. Hälfte 14. Jh. *dá ich sí hörte spehten* HEINZELEIN 103, 83. – DWb. 10/1, 2028; Lexer mhd. 2, 1075.

II **spechten** *šbäxdə* HÄNNER. – schw.: ‚entrinden'. – Auf eine Anfrage des Schweizerischen Idiotikons zu einem dort vorliegenden Beleg aus GRAFENHSN antwortete E. Ochs 1920, es läge kein weiterer Beleg vor. Erst 1947 meldete Lothar Glattes den o. a. Beleg. – Vgl. *bechseln 1, räppeln 1*. – Schweiz. 10, 49.

Spechte-zungen Pl.: PflN; ‚Waldbinse, Juncus silvaticus, u. a. Arten' UNZH./MITTEIL. 1933, 292.

Specht-meise *šbqxdmais* MÜNCHW. – f.: Tiern. ‚Kleiber, Sitta europaea' SCHWENDEMANN ORT. 1, 147. – DWb. 10/1, 2030; Els. 2, 534 (unter *Murspechtle*); Pfälz. 6, 233; Schweiz. 10, 46; Südhess. 5, 1183.

Specht-popperer *šbäxdbobərər* HÄNNER. – m.: Tiern. dass. wie → *I Specht 1* eb. – Grundw. zu → *poppern 1*.

Specht-wiese f.: FlN in HILZGN; 1625 *1/2 J. in der Speht wisen* E. SCHNEIDER HILZ. 175. – Vermutlich nach einem Besitzer namens *Specht* benannt.

Spechzart → *Spetzgart*.

Speck *šbāk* im äußersten NO östlich der Tauber; *šbēk, -g* Bauland zwischen Elzbach und Tauber; *šbeg, -k* Kurpfalz und mancherorts im Gebiet, wo *šbeg, -k* gilt, das verbreitet im restlichen N-Baden ist, dazu Ufgau sowie nördl. und mittl. Schwarzwald, vereinzelt bis in den südl. Schwarzwald und im Markgräflerland; *šbegh* ROTENFELS, SCHENKENZ.; *šbaq, -k* in der Rheinebene bis zur Vorbergzone von HELMLGN bis zum Rheinknie; *šbqk, -g* ETTHM, im Markgräflerland zwischen HARTHM (FREIB.), BELLGN und MALSBURG; *šbagx* ADELHSN; *špak* GERSB., HASEL, LÖRRACH; *spakx* INZLGN, HERTEN; *špeg, -k* um ST. GEORGEN I. SCHW., FURTWANGEN, VILLGN, Baar bis in den südl. Schwarzw. und nördl. Hegau, RADOLFZ., KONST., MEERSBURG; *špekx, -b-* verbr. entlang des Hochrheins von NOLLGN bis zum Bodensee, einschließlich Hotzenwald, Klettgau und südl. Hegau sowie Höri; *špeək, š-* verbr. südöstl. Baden an Donau, um MESSK., PFULLEND., MÜNCHHÖF, LIGGERGN, STAHRGN, REICHENAU, Linzgau; *špeək* ORSGN, Bodanrück, PFULLEND., HATTENWLR;

špevk Schwenngn, Leibertgn; špʹęǝk Stockach, Salem, Ahsn. – m.: **1)** ,unter der Haut liegende, von Muskelfleisch durchwachsene Fettschicht beim Schwein' Heilig Gr. 78, E. Bauer 17, Lenz Wb. 66b, Liébray 277, Heberling 15, O. Sexauer 165, Baur 60. 89, Schrambke 167. 169, Schrambke Stellung 454, Klausmann 43. 90, Twiste 46, Ketterer 29. 42, Seidelmann Hochrh. 87, Seidelmann Bod. 172, Besch 23, E. Dreher 72, Singer Höri 30, Joos 90, O.schopfhm/Zf hdMu. 1900, 318; *Suscht hät me Speck gha oder i Sterilisiergläser igmachti Metzgete* Thoma Hütten 36; *ts nini šbęk gesǝ* ,zur Zwischenmahlzeit am Morgen (→ *neun 2b*) Speck gegessen' Waldau; *Zʹ Oowe äse mir Schbäg* Braunstein Raa. 28; *ex mãn kʰeʹ šbak* ,ich mag keinen Sp.' Fohrer 54, ähnl. Grisshm; durch Attribute genauer bestimmt: *grīǝnr šbak* ,frischer, nicht geräucherter Sp.' Meng 158, ähnl. Fohrer 87, Kirner 145, „wird mit Sauerkraut gekocht, dazu Kartoffelbrei" Neust.; *garęixdr šbak* ,geräucherter Sp.' Meng 158 u. ö.; *gsáldsǝnǝr šbäg* Broggingen/Ochs-Festschr. 245; *gwírfǝldǝr šbäg* Zarten/eb.; Volksmedizin für eine Brandsalbe: 1819 *Nimm ungesalzenen Speck, zerlaß ihn, und gieße ihn in kaltes Wasser ...* Arzneybuch Bierbr. 5; Ra.: *mit dǝ Wursd nǫxm šbęak węrfe* gesagt, wenn man hofft mit kleinerem Einsatz einen größeren Nutzen zu erzielen Stockach/Hegau 1972/73, 204; *so òbbis isch mer speck ufʹs chrut* ,eine willkommene Dreingabe' G. Uehlin Wies. 11; beim Glorialäuten am Karsamstag, wenn das Ende der Fastenzeit naht, sagt man: *alǝlüjǝ, dǝr šbęg üsǝm raux rā* 1936 Welschensteinach; scherzh. Kommentar, wenn etwas schief gegangen ist: *So konnʹs einem guh, wenn mʹr guet katholisch isch, nit gern bäddet un om Fridig Schpäck ißt* Schmider KK 2, 47; Faustregel dazu, was Knechte und Mägde von ihren Arbeitgebern erwarten konnten: *Moscht miän si eim gänn, / Schnaps wenn sie hänn / un Schpäck, wenn sie wänn!* eb.; *hed ęr Hòòr am Schbäg, rend èm Buur kai Knechd ęwäg* bedeutet sinngemäß ,Wohlstand sichert Arbeitskräfte' Fleig 75; Kommentar, wenn ein Machtgefälle im Spiel ist: *jaa, seit dǝ puur, špęk išt abr ou khǫ fleišš* ,ja, sagt der Bauer, Speck ist aber auch kein Fleisch' C. Haag 129; Sprichw.: *mit šbęk fǫnt mr miis* O.weier (Rast.)/ZfdMu. 1916, 287, ähnl. Roedder Vspr. 530b, C. Krieger Kraich. 124, Frei Schbr. 153; Merkverse für den Takt beim Dreschen mit vier Dreschern: *Schpäck in dʹ Supp - Schpäck in dʹ Supp!* Schmider KK 112; *Buur, hau Speck rab!* St. Märgen/Schulheft 1968, 18; mit drei Dreschern: *Brot un Speck!* Schwarzwald (keine nähere Ortsangabe); der Abendruf der Wachtel wird so gedeutet: *gebt dem Knecht Kraut und Speck! / gebt der Magd Weck, Weck, Weck!* Hegau; *Späck schníde* ,Steine übers Wasser hüpfen lassen' Teuth. 3, 186; Aufgabe beim Pfandauslösen im Spinnstubenspiel: *Speck schnide* 1895 Ichenhm/Umfr.; diese Person sagt: *Ich steh hier und schneide Speck / wer mich lieb hat holt mich weg* Schick 21, ähnl. Freib.; Abzählvers: *einz zwei drei, du bisch frei / Käs un Speck du bisch weg* eb.; Heischespruch an Fasnacht: *Gaggèlè, Gaggèlè, Schbägg, / gäbb mòr äbbès, oddòr i gee nedd wägg* Rittler 170. – **2)** ,Fettpolster am Körper', scherzh. Burkart 193, Kirner 228; *der Schbägg muß weg!* Humburger 173; Ra.: ermutigender Kommentar, wenn beim Essen etwas zu Boden fällt: *Drëgg gidd Schbëgg* Dischinger 184. – **3)** ,schmieriger Schmutz', v. a. in der Paarformel *Dreck und Speck* verbr.; vgl. *Lausbub 1*. – Ahd. *spec* ,Speck'. – Weiteres → *anlegen 2, Plunder 2, Dreck 2a, Dreikönig 1, dürr 1b, ergeben 2, vergessen 1, I Freitag 1, Hißgir, Jude 1, keck 1a, liegen 2a, Milch 1a, Nacht, Nulli, Oberstaufen, Ortmocken 1a, Rahmsuppe, Rippe 1a, roh 1a, Roßdreck 1, Salz 1a, Sau 1a, Sauerkraut 1, schmutzig 1a, Schnaps 1, schnäukig 1a, Schnitz 1c, Seicher 4, Seite 1b, II sieben 2b*; vgl. *Bauch-, Dreirenen-, Füdle-, Hals-, Hammloch-, Hochrücken-, Juden-, Lämpen-, Moren-, Näherin-, Ort-, Riemle-, Schunken-, Sorgen-, Strichlespeck*; vgl. *Anwänder 4, Blächel 2, Brät 2, Hammenloch, Hochrücken, Kapat, Limperlamper, Schmer 3*. – DWb. 10/1, 2031; Els. 2, 535; Fischer 5, 1494. 6/2, 3140; Pfälz. 6, 233; Schweiz. 10, 85; SDS I/21; SSA II/3.01. II/3.50; Südhess. 5, 1139.

Speck-abnehmete *šbęgabnęmǝdǝ* Waldau. – f.: ,Fettschicht auf der Brühe, in der → *Speck 1* gekocht wird', feste Masse, die zum Abschmelzen benutzt wird 1973 eb. – Kollektivum zu *Speck abnehmen*, zur Wortbildung vgl. → *-ete*. – Vgl. *Speckschmutz*.

Speck-acker, -äcker *šbęgagr* Münchw.; meist Pl.: *šbęgegǝr* Bruchhsn, Malsch (Ettl.); *šbęgagǝrǝ* Steinach. – m.: FlN, Ackerfeld Schwendemann Ort. 1, 175; 1511 *100 J. des grossen vnd kleinen speck ackers* E. Schneider Fln. Malsch 112; 1632 *Speckacker* Steinach/Bad. Flurn. III 3, 96; 1780 *im Creützvelt ... oben die Speckäcker* Bruchhsn/E. Schneider Ettl. 2, 184. – Benennung nach der Beschaffenheit des Bodens oder zu mhd. *spëcke* ,Knüppeldamm'; möglich ist auch Bezug zum FN *Speck*.

Speck-agathe *špękxagǝt* Singen a. H. – f.: Rufname einer Frau namens Agathe Speck W. Schreiber 25.

Speck-ankel *šbęgaŋgl* Eberb. – f.: ,dicker, wulstiger Nacken' Eberb. Geschichtsbl. 1953, 9. – Zum Grundw. vgl. → *Anke(l)*. – Vgl. *Speckgenick*. – Pfälz. 6, 235; Südhess. 5, 1141.

Speck-beunde *špękbin* Diershm. – f.: FlN, Ackerland; 1647 *Speckhbün* Bad. Flurn. I 6, 36; 1840 *Spöckbün* eb. – Bestimmungsw. zu → *Specke*, Grundw. zu → *Beunde*. – Südhess. 5, 1141.

Speckbirn-baum m.: FlN. **1)** Grundstück am Eichberg in Emmendgn; 1341 *ze dem spekbirbome* Tennenb. Güterb. 114. 117, Roos 220. – **2)** Grundstück in Gottmadgn; 1761 *beim Speckbirrabomm* Hegau-Flurn. 4, 48. – Mhd. *spëcbirnboum*.

Speck-birne f.: ,eine Birnensorte' A. Weber Obst. 43; *Speckbire* Riedern a. W./Mitteil. 1915, 378, Offenb./eb. 1919, 67. – DWb. 10/1, 2039; Els. 2, 81 (-*bire*); Fischer 5, 1496; Schweiz. 4, 1496 (jew. -*bir*); Südhess. 5, 1142.

Speckblumen-salat *šbagblüǝmǝsalǫt* Auenhm. – m.: ,Salat aus Löwenzahnblättern' Meng 159.

Speck-brettle *šbęgbredl* Kappelwi., Bühlert.; *šbǝgbrǝdli* Münchw., O.rotweil. – n. (Dim.): ,kleines Schneide-, Vesperbrett' R. Baumann 84, Burkart 193, Noth 429; zum Kleinschneiden von Fleischwaren, besonders von → *Speck 1* Schwendemann Ort. 1, 93. – DWb. 10/1, 2039.

Speck-bruder *šbęgbruǝdǝr* Freib. – m.: ,Handwerksbursche', dass. wie → *Speckjäger 1* 1934 eb., veraltet.

Speck-bühne *šbagbīǝn* Auenhm. – f.: ,Teil des Dachbodens, wo → *Speck 1* aufbewahrt wird' Meng 148. – Zum Grundw. vgl. → *Bühne 1b*.

Specke *šbęg* Teningen, Wasenwlr. – f.: † **1) a)** ,durch Sumpfgelände führender, mit → *Speckwellen* überdeckter Weg' 1585 E. Schneider Durl. – **b)** ,aus Reisig gebaute Brücke'; 16. Jh. *welcher Speckhen über die Ablach macht vnd legt, der soll die ... wiederumb hindan thun* Messk./Alem. 15, 91. – **2)** FlN Teningen, Wasenwlr u. ö.; 1341 *in der specke* Roos 198; 1371 *uf der speck* eb.; 16. Jh. *in der schwarzen speckh* Messk./Alem. 15, 91; 1531 *vor der Spöckin* Stei-

NACH/BAD. FLURN. III 3, 97; 1632 *Agger vor der Speckhe oder Wolfgruben* eb.; 1724 *oberhalb Heseln oder Speckhs ehedessen genandt* SINGEN A. H./W. SCHREIBER ZW. 313. – Zu mhd. *spëcke* f. ‚Knüppeldamm', verwandt mit → *Spachen, Spächele.* – Vgl. *Gespeck, Spöck.* – DWb. 10/1, 2040; Fischer 5, 1496; Pfälz. 6, 236; Schweiz. 10, 85 (unter *Speck*); Südhess. 5, 1142.

Speck-eier *šbąggjr* ALTENHM. – Pl.: ‚ein Gericht aus Eiern und → *Speck 1*' FOHRER 88. – Els. 1, 3.

Speckel Gen.?: FLN, kleine Allmendwiese HILDMANNSF.; 1784 *Spögen* BAD. FLURN. I 2, 20. – Viell. zu → *Specke.*

specken in → *abspecke(n).*

Specken-feld *šbęgəfąld* KIPPENHM. – n.: FlN, feuchtes Acker- und Wiesenland; 1780 *Speckenfeldt* W. KLEIBER KIPP. 94. – Zu mhd. *spëcke* ‚Knüppeldamm'.

Specken-gabel f.: Übername für den Sohn eines Mannes namens *Speck; d Speckəgabl* MÖHRGN/BERTSCHE 61, wegen seiner O-Beine (vgl. → *Gabel 4a*).

Specken-weg m.: FlN GRENZACH-WYHLEN, genaue Lage unbekannt; 1438 *Reben am speggen Wege* RICHTER 248. – Zu mhd. *spëcke* ‚Knüppeldamm'.

Speckes *špękəs* HEIDELBG. – m.: ‚dicker Mensch' eb. – Pfälz. 6, 236; Südhess. 5, 1142.

Speck-fledermaus *šbęgfledvmaus* BÜCHIG (BRETT.). – f.: Tiern. ‚Fledermaus, Vespertilio' eb. – Zur Wortbildung vgl. → *Fledermaus 1*; vgl. *Speckmaus.* – Pfälz. 6, 236.

Speck-fresser m.: 1) ‚jemand, der viel → *Speck 1* isst', bes. im Neckrkreim der Schulkinder: *Fümftykchlässler Späckchfrässer* SCHÄUBLE WEHR 9 (ganzer Reim unter → *Sechstklässler*); weiteres → *Ochsenkopf 2b.* – 2) Tiern. ‚Fledermaus, Vespertilio'; *Speckfrässer* 1939 SÄCKGN; vgl. *Speckmaus.* – DWb. 10/1, 2043; Südhess. 5, 1142.

Speck-fritz m.: ein (nicht näher bezeichneter) Schimpfname, Ende 19. Jh. ADERSB./UMFR.

Speck-garten, -gärten m., Pl.: FlN KARTUNG; 1452 *an dem speck garten zů kartung* SINZHM/ORTEN. 2002, 319f.; 1581 *genannt der Spöckgartt* eb.; 1786 *im Spöckgärtle* eb; 1825 *im Weillich neben den Speckgärten* E. SCHNEIDER ETTL. 2, 184. – Benennung nach der Beschaffenheit des Bodens oder zu mhd. *spëcke* ‚Knüppeldamm'. – Pfälz. 6, 236; Südhess. 5, 1143.

† **Speck-geld** n.: ‚eine Abgabe als Ersatzleistung für eine frühere Naturalabgabe'; 1800 *die sogenanten speckgelder für hochlöbliches oberamt* KIRCHHM/BAD. WEIST. 3, 31. – DRechtswb. 13, 852; Fischer 6/2, 3140.

Speck-genick *šbęgnig* EBERB. – n.: dass. wie → *Speckankel* EBERB. GESCHICHTSBL. 1953, 9. – Südhess. 5, 1143.

† **Speck-graben** m.: ‚langgestreckte Vertiefung im Erdboden (→ *Graben 1a*), über die eine → *Specke 1 b* führt'; 1574 *daß die von Weyer doch iren Speckhgraben vff ihrer Gemarckhung also verdeichen vnnd versehen sollen* E. SCHNEIDER ETTL. 2, 184.

Speck-hals *šbaghåls* AUENHM. – m.: wohl ‚fetter, dicker Hals' MENG 124. – Vgl. *Speckankel.* – DWb. 10/1, 2043; Fischer 5, 1497; Pfälz. 6, 237; Schweiz. 2, 1209; Südhess. 5, 1143.

speckicht, speckig *šbęgət* PLANKST., OFTERSHM, PFORZHM; *šbęgix* HALBERSTUNG; *šbęgig* SCHOPFHM. – Adj.: 1) ‚mit einer fettigen, schmierigen Schicht behaftet' FREI SCHBR. 153, O. SEXAUER 137. 155; von verschwitzten Rockkragen und Ärmeln gesagt 1934 SCHOPFHM. – 2) ‚schlecht ausgebacken' HALBERSTUNG, 1934 SCHOPFHM; *da Kuuchä isch schbęggäd* FREI SCHBR. 153. – Zu → *Speck 3.* – Vgl. *schmiericht.* – DWb. 10/1, 2044; Els. 2, 536; Fischer 5, 1497; Pfälz. 6, 237; Schweiz. 10, 93; Südhess. 5, 1143.

Speck-jäger „*Schbeggjëga*" JÖHLGN. – m.: 1) ‚schlauer, im Betteln sehr erfolgreicher → *I Kunde 2b*', Kundenspr. K. ERNST 334. – *R* 2) ‚verkommener Bettler' HESSELBACHER GO. 91. – 3) Schimpfname SCHWARZ 114. – Vgl. *Viertelejäger, Speckbruder.* – Fischer 5, 1497. 6/2, 1341; Pfälz. 6, 237; Südhess. 5, 1144.

Speck-kämmerle n. (Dim.): ‚Arrestzimmer auf dem Rathaus' FREUDENBG/MAI 190. – Vgl. *I Loch 3b, Ortsgefängnis.* – Els. 1, 436; Fischer 5, 1497; Pfälz. 6, 238; Schweiz. 3, 253.

Speck-knopf m.: ‚Schlag auf den Kopf', mit den Knöcheln der geballten Faust; einen *špekknopf* geben MALSCHENBG/ZFDMU. 1914, 253; *änn mänchä Läärä hodd frijä Schbęggnebf ausgëdaaild* ÖSTRGN/DISCHINGER 184. – Vgl. *Kaule, Knauper 1, Knaus 4, Knopf 8b, Kopfnuß, Nuß 2b, Rollipicker.* – DWb. 10/1, 2045; Pfälz. 6, 238.

Speck-kuchen *šbęgkūəxə* ALTENHM. – m.: 1) a) ‚Flachkuchen aus Brotteig mit Speck bestreut', Alltagskuchen eb., 1713 DURLACH; *frieher hot's als Schbäggkuuche gäwwe* HUMBURGER 173. – b) ‚festliches Hefegebäck in großen, runden Laiben' ALTENHM. – 2) nur Dim.: ‚Gebäck an Silvester'; *Speckküchle* 1970 GONDELSHM. – DWb. 10/1, 2046; Fischer 5, 1497; Pfälz. 6, 238; Schweiz. 3, 142; Südhess. 5, 1144.

Speck-lawine *šbęglawīnə* LÖRRACH. – f.: Schimpfwort für eine dicke, übergewichtige Person WITZ 27. – Vgl. *Dicksack.*

Speck-magd f.: ‚eine Dienstbotin, die sich bereichert'; *ä Speckmägd* LAHR; *šbągmägt* wird eine Überzahl weiblicher Dienstboten genannt, die wenig zu tun haben und dick dabei werden 1913 ETTHM. – Viell. beeinflusst von → *Spettmagd.* – Fischer 5, 1498; Pfälz. 6, 238.

Speck-malle ‚Schimpfwort' → *Malle 2b.*

Speck-matte *šbęgmadə* STEINACH, NEUERSHSN; *šbegmad* HOLZHSN (EMM.). – f.: FlN, Name verschiedener Wiesen in Ortenau und Breisgau; 1341 *an der specke matten* NEUERSHSN/ROOS 198; 1423 *die speckmat st uf den Schopbach* HOLZHSN (EMM.)/eb.; 1550 *von der speck matten* STEINACH/BAD. FLURN. III 3, 96, daneben 1535 *spöck mättlin* eb. 3, 98; 1658 *vmb die Speckhmatten* SCHWARZACH/ORTEN. 1975, 269. – Lagebezeichnungen, zu mhd. *spëcke* f. ‚Knüppeldamm'.

Speck-maus *špākmaus* DERTGN; *šbēkmaus* NASSIG; *šbēkmaus* DIENST.; *šbęgmauš* HETTGN; *šbękmauš* HAINST., O.SCHEFFL.; *šbękmaus* ADELSHM, SINSHM, ELSENZ, ROHRB. (EPP.), SPESSART; *šbęgmaus* RIPPENW., URSENB., MÖNCHZ.; *-məus* BILFGN; *šbęgmaus* SCHWETZGN, OFTERSHM, BLANKENLOCH; *šbōkmaus* RETTIGHM; *šbękmaus, -məus* vereinz. Kurpfalz, Bruhrain, Pfinzgau, Ufgau, RASTATT; *-mus* DUCHTLGN (einziger Beleg im Süden, E. Ochs bezweifelt daher Echtheit); Pl. vgl. → *Maus.* – f.: Tiern. ‚Fledermaus, Vespertilio', mancherorts als veraltet gemeldet DERTGN/UMFR., ROEDDER VSPR. 530b, GÖTZELMANN 381, MANGOLD 22, FREI SCHBR. 64, LIÉBRAY 277, HUMBURGER 173, C. KRIEGER KRAICH. 137, EICHELBG/UMFR., TIEFENB./eb., SINGEN (PFINZ)/eb., SCHÖLLBRONN/eb., BRUHR. 157, RASTATT/MITTEIL. 1914, 330, Bruhrain/eb. 1919, 78, DIEDELSHM/eb., DIENST./ZFDMU. 1914, 248, KIRRLACH/eb., RETTIGHM/eb., MALSCH (WIESL.)/eb., ELSENZ/eb. – Die Benennung rührt offenbar daher, dass die in Rauchfängen hängenden Fledermäuse verdächtigt wurden, den → *Speck 1* anzufressen. – In S-Baden ist Syn. → *Fledermaus 1* üblich. – DWb. 10/1, 2047; Els. 1, 725 (andere Bed.); Fischer 5, 1498; Pfälz. 6, 238; Südhess. 5, 1145.

Speck-messer n.: **1)** ‚scharfe Klinge zum Schneiden von → *Speck 1*' verbr. – **2)** übertr. ‚Seitengewehr, Bajonett' Hermann Eris Busse, Der letzte Bauer, Berlin 1930, S. 183. – DWb. 10/1, 2048; Els. 1, 721; Pfälz. 6, 239; Südhess. 5, 1145.

Speck-mockel *šbęgmogl* Zell-Weierb.; Pl.: *šbęgmegl* Altenhm; Dim.: *šbęk͟xmekxǝlį* Blumbg. – m.: ‚ein Stück → *Speck 1*' Marx 50, im Dim. dass. wie → *Speckreiter* Blumbg. – Zum Grundwort s. → *Mockel 1*. – Els. 1, 662; Fischer 6/2, 3141 (*Speckmocken, -möckelein*); Schweiz. 4, 142.

Speck-mümpfel m.: dass. wie → *Speckmockel* 1895 Rotzgn; Spruch unter → *Kabiskraut*. – Zum Grundw. s. → *Mundvoll 1*.

Speck-nudel *šbęgnūdlǝ* Gremmelsb. – f.: ‚Fettpolster, -wulst am Körper' Fleig 119. – Pfälz. 6, 239.

Speck-platte *šbęgbladǝ* Waldau. – f.: ‚flaches Geschirrteil zum Servieren von Speck' eb.

Speck-polster *šbǫkbolštr* Reute (Emm.). – n.: ‚Fettwulst am Körper' eb.

Speck-reiter *šbęgridǝr* U.precht. – m.: ‚mundgerecht geschnittenes Speckstückchen' eb. – Zum Grundwort s. → *I Reiter 2a*.

Speck-salat m.: ‚mit → *Speck 1* angemachter Kopfsalat' 1908 Etthm; aus Soldatenliedern: *Und machen Sie's einen Specksalat, / Für mich und meinen Schatz!* Künzig Sold. 105; *In Rintheim frißt man Specksalat / Ich möcht ein Badner sein!* eb. 180. – Vgl. *Krautsalat*. – Fischer 5, 1498; Pfälz. 6, 239; Schweiz. 7, 691.

Speck-samen m.: ‚Ferkel und Kälber als zukünftige Lieferanten von → *Speck 1*' E. H. Meyer 404. – Vgl. *Narrensamen*.

Speck-schmutz *šbęgšmuds* Waldau. – m.: ‚Fettschicht, die beim Speckkochen entsteht', sie wird ausgelassen und dient u. a. zum Backen von → *I Küchle 1b* eb. – Zum Grundwort vgl. → *I Schmutz 1*. – Vgl. *Speckabnehmete*.

Speck-schwarte *šbęgšwardǝ* Hettgn; *šbęgšwārt* Mannhm; *šbękšwārt* O.weier (Rast.); *šbegšwārd* Gengenb.; *šbǫgšwārd* Münchw.; *šbęgšwārdǝ* Zarten, Waldau. – f.: ‚dicke, mitgeräucherte Haut am Speck des Schweins' Schwendemann Ort. 3, 89, Ochs-Festschr. 245, O.weier (Rast.)/ZfdMu. 1916, 322; *elįmǫl hęn si dǝ kindǝr šbęgšwardǝ gę dsum suglǝ* Waldau; Ra. und Vergleiche: *glęndsǝ wi ǝ šbęgšwād* ‚frisch gewaschen', bes. von Kindern gesagt Mannhm; *aim e Speckschwärtli durs Muul striiche* ‚jem. verlocken, Hoffnungen machen, die nicht eingelöst werden' Glock Breisg. 26; *Jetzt hat man mir das Speckschwärtlein durch den Mund gezogen, aber essen soll ich's nicht!* Wörner Orchid. 90, ähnl. Markgr. 1993, 133. – Zum Grundwort s. → *I Schwarte 1*. – DWb. 10/1, 2049; Els. 2, 530; Fischer 5, 1498; Pfälz. 6, 240; Schweiz. 9, 2161; Südhess. 5, 1146.

Speck-seite *šbęksaidǝ* O.scheffl., Rapp.; *šbęgsidǝ* verbr. mittl. und südl. Schwarzwald; *šbǫgsid(ǝ)* Rust, Münchw., O.bergen. – f.: **1)** ‚äußere Fettschicht des Schweins an der Längsseite von den Ohren bis zum Schwanz', durch Pökeln und Räuchern haltbar gemacht Roedder Vspr. 530b, Meis. Wb. 148b, Fleig 119, Schwendemann Ort. 1, 65. 76f.; setzt sich aus → *Bauch-, Hals-, Hochrücken-* und *Schunkenspeck* zusammen Königschaffhsn/Ochs-Festschr. 245; *denö hät me die zwo Specksite in Cheller i d uspuzzt Bütteme abetrait und gli igsalzet* Thoma Hütten 37. – **2)** ‚über der Schulter getragener Leinensack mit einem Riemen' O.bergen; vgl. *Quersack*. – DWb. 10/1, 2049; Fischer 5, 1498; Pfälz. 6, 240; Schweiz. 7, 1457; Südhess. 5, 1146.

† **Specks-lehen** n.: FlN, Bezeichnung eines bestimmten Distrikts in Hornberg und Gutach (Schwwaldb.), 1836 aufgelöst Bad. Flurn. III 5, 64; 1442 *bis an des Speckhs Lehen* eb. 5, 40; 1491 *bis an des specks lehen hinab und den schwannenbach hinuf* eb. 5, 63; 1717 *zwischen des Specks Lehen Matten und dem Waßer der Guttach gelegen* eb. 5, 67.

Speck-stehler m.: Schimpfwort; in einer Litanei zum Begraben der Fastnacht: *Du Speckstehler! Du Kindlimacher der Unschuld!*, bereits Anf. 20. Jh. nicht mehr gebräuchlich Grisshm/E. H. Meyer 208. – Vgl. *Speckjäger 3*.

Speck-tag *šbágdāg* Etthm; *šbęgdāg* Waldau. – m.: dass. wie → *Fleischtag*; *In besseren Häusern kommt nur Dienstag, Donnerstag und Sonntag Fleisch oder Speck, an den sogenannten Fleisch- oder Specktagen ... auf den Tisch* E. H. Meyer 333; an diesen Tagen fanden noch Anf. d. 20. Jh.s vielerorts abends heimliche Besuche von Burschen bei Mädchen statt eb. 191; dazu die Ra.: *álį šbágdāg* ‚sehr oft, allzu oft' 1912 Etthm. – Fischer 6/2, 3141.

Specktellerles-tag m.: eine Bezeichnung des Donnerstags, weil man da → *Speck 1* isst Schapb./Alem. 23, 50. – Vgl. *Pfäutelestag*.

Speck-wampe *šbęgwampǝ* Schonach. – f. (?): ‚dicker Bauch' Fleig 119. – Zum Grundw. s. → *Wampe*.

† **Speck-welle** f.: ‚Reisigbündel zur Auffüllung einer → *Specke 1a*'; 1591 *von 250 Speckhwellen, so in den Weg zwischen den Blotten - vnd hindern Wisen gebraucht* E. Schneider Durl. – Zum Grundw. vgl. → *I Welle*.

Speck-wiese f.: Name verschiedener Wiesen; 1559 *wisen die speckwis genannt ... oben an Allmendtgraben* E. Schneider Ettl. 2, 184, dazu *Speckwiesenbrücke*: 1697 *bey der speckwiesen Brückh* eb.; 1709 *Speckwiese* Singen a. H./W. Schreiber Zw. 313; 1825 *3 J. die Spekwies ... Mittag an das Gemeindsholz* Überlgn a. R./Hegau-Flurn. 7, 112. – Zum Benennungsmotiv vgl. → *Speckacker*. – Vgl. *Speckmatte*. – Südhess. 5, 1147.

Speck-winkel *šbǫgwįŋgl* Schliengen. – m.: FlN; Ortsteil von Schliengen; auch Straßenname: *Im Speckwinkel* in Kandern.

Speck-würfel m. (Pl.): ‚in Würfel geschnittener Speck'; Dim.: *Shpǫckwirfíli* Münchw. – DWb. 10/1, 2052; Schweiz. 16, 1446.

Spedel m.: FlN Zährgn; 1483 *rebstück an der röty an dem spedel* Bad. Flurn. I 3, 234. – Vielleicht zu → *Speidel* ‚Keil, Zwickel'? – Vgl. *Röte 3*.

spedieren *šbedjǝrǝ* Rheinbisch.; *šbedeǟrǝ* Münchw.; *šbedīǝrǝ* Stahrgn. – schw.: ‚befördern' Staedele 41; auch ,ins Bett schicken' Schwendemann Ort. 3, 90; *wurden 4 Flöße ... in die Kinzig spediert* Hansjak. Erzb. 364. – Von ital. *spedire* ‚befördern'. – Vgl. *expedieren*. – DWb. 10/1, 2053; Els. 2, 534; Fischer 5, 1499; Pfälz. 6, 241; Schweiz. 10, 51.

Spediteur m.: ‚Inhaber einer → *Spedition*'; *Spedentéer* Heidelbg/Bad. Heim. 1917, 91.

speditieren schw.: ‚befördern', auch salopp für ,etwas in die Tasche hineintun'; *speditiere* Bühl (Rast.).

Spedition *šbedidsjōn* Schopfhm. – f.: ‚Transportunternehmen', meist als Firmenbezeichnung allg.

Speer m.: nur im Hausn. *Zum roten Speer* Grünwälderstr. 22 Freib.; 1359 *Hus zem Sper in des abtes gassen zu den Augustinern* K. Schmidt Hausn. 127f. – Als Appellativum nicht üblich, in der Mu. eher → *Spieß*. – Vgl. *Ritterspeer*.

Speiche *šbęixǝ* Hettgn, mancherorts zwischen Acher und Oos, O.precht.; *šbaixǝ, -ai-* O.scheffl., Rapp., Rohrb. (Epp.), vereinz. nördl. Schwarzw., verbr. südl. Ortenau und nördl. Breisgau, Furtwangen, um Freib., St. Peter; *šbaeixǝ* Rohrb. (Epp.), Plittersd., vereinz. um Freib., Adelhsn; *šbǭeš* Oftershm; *šbǫiš̌ə* verbr. Kurpfalz; *šbai̯χ, -ai-* Handsch., verbr. Ufgau, an der Murg, im nordöstl. und mittl. Schwarzw., Ortenau; *šbeiš̌ə* Schwetzgn, Altlusshm, Neulusshm; *šbariš̌* Brühl, Baiert.; *šbariχ* Rheinhsn, Schatthsn, Kirrlach, Rinthm; *šbar(i)χə* Au a. Rh.; *šbae̯χ* Plittersd., Schenkenz., Gutach (Schwwaldb.), Waltershfn; *šbē̯χə* Ottersd.; *šbē̯χ, -ē̯-* Hügelshm, Wintersd., verbr. Hanauerland; *šbei̯χ, -x* Kuppenhm, verbr. nördl. Schwarzw. und entlang des Rheins von Greffern bis Meissenhm, sowie vereinz. im Kinzigtal; *šbai̯χə, -ai-* verbr. Breisgau, Markgräflerland; *šbęi̯χə* Grisshm, verbr. südl. Markgräflerland; *špai̯χə, -ai-* Elztal, verbr. an Gutach und Breg, sowie um Buchenb., vereinz. am Bodensee; *špai̯χə, -ai-* verbr. südl. Schwarzw., Hotzenwald, Hochrhein, Klettgau, vereinz. Höri; *špae̯χə, -χ-* St. Roman, östl. Dinkelberg; *špai̯ə* Wehr; *špǫ̯aχə, šbǫ̯aχə, -x-* Schiltach, Buchenbg, Brigach, Villgn, verbr. Baar, nördl. Hegau, in SO-Baden zwischen Donau und Bodensee, Linzgau; *šbǫi̯χə, šp-* Gutenstein, Sauld., Pfullend., Sentenhart; *špai̯χ* Reichenb. (Hornbg), Gütenb.; *špǫaχə, -x-* an Brigach und Breg, Hegau, vereinz. Höri, Kluftern; *šbǫax, -ǫv-* Heinstet., Möhrgn, Stockach; *špǭχə, -ō-* zwischen Ewattgn und Büsslgn; Pl.: In Orten mit einsilbigen Singularformen gilt in der Regel Pluralbildung durch *-ə* bzw. *-v*, bei zweisilbigen Singularformen ist Pl. wie Sg.; Dim.: *špęə̯le* Möhrgn. – f., m. (mancherorts Mittelbaden, Ortenau; überwiegend SO-Baden): ,Verbindungsteil zwischen Nabe und Felge am Wagenrad' Roedder Vspr. 530b, Meis. Wb. 175b, Lenz Wb. 66b, Frei Schbr. 154, Liébray 278, P. Waibel 79, Burkart 62, Baur 69. 96, Schrambke 153, Schwendemann Ort. 1, 104, Klausmann 62, Schäuble Wehr 137, Kramer Gutmadgn 280, Kirner 366. 462. 505, Joos 179, E. Dreher 45, W. Schreiber 40, Fuchs 18, O.weier (Rast.)/ZfdMu. 1916, 286, Bodersw./eb. 1917, 161; *ęni šbęi̯χ ųm dåndr nēnšlō* ,eine Speiche nach der andern hineinschlagen' Meng 178; *šbęi̯χə ǭšnīdə ųn ųf d lä̯ŋ dsåbfə* ,Speichen abschneiden und Zapfen auf die richtige Länge daran einschneiden' eb.; Volksglaube s. u. → *neun 1.* – Ahd. *speicha.* – DWb. 10/1, 2066; Els. 2, 534; Fischer 5, 1499; Pfälz. 6, 241; Schweiz. 10, 26; Südhess. 5, 1148.

Speichel *šbai̯χl* Rohrb. (Epp.). – m.: ,Spucke' 1976 eb.; mu. kaum verbr., dafür → *Späuchets, Spauch-, Späuchzich, -ig, Spauets, Späuet(s)(t)e, Spautes/Späutes, Spauz/Späuz, Spauze/Späuze, Späuzel, Späuzeme, Spauzete/Späuzete, Späuzets, Späuzge, Spauzich/Späuzich, -ig, Spei(e), Speiet(st)e, Spuckete, Spuckets, Spuckzich.* – Ahd. *speichila,* mhd. *speichel* (f.). – Vgl. *Guckucksspeichel.* – DWb. 10/1, 2067; Fischer 5, 1499; Pfälz. 6, 242; Schweiz. 10, 29; Südhess. 5, 1148.

I **speichen** *šbęi̯χə* Kappelwi.; *šbai̯χə, -x-* Appenw., Schopfhm; *šbǫ̯axə* Konst.; Part.: *gšbai̯χt, -x-* Appenw., Broggingen, Königschaffhsn, U.glottert. – schw.: **1) a)** ,(fort)jagen, hinauswerfen, vertreiben' Burkart 62, G. Maier 139, Grauelsbaum, Schopfhm. – **b)** ,schlagen' Schopfhm. – **2) a)** ,unterstützen' Konst. – **b)** refl.: ,sich wehren, sperren, weigern' U.glottert.; *ər het six gšbai̯χt* Broggingen, Königschaffhsn. – Zu → *Speiche* mit versch. Motivationen: In Bezug auf die sich in kraftvoller Bewegung befindenden *Speichen* am Wagen (Bed. 1) sowie *in die Speichen greifen* zur Unterstützung, aber auch zur Hemmung (Bed. 2). – Vgl. *ein-, hinabspeichen.* – DWb. 10/1, 2070; Els. 2, 534; Fischer 5, 1500; Pfälz. 2, 830 (*einspeichen*); Schweiz. 10, 27.

II **speichen** → *spauchen/späuchen, speien.*

Speicher *šbai̯χər* Tauberbisch., westl. Bauland, vereinz. südl. des Neckars, verbr. Kraichgau, mancherorts Pfinzgau, Engen, Bonnd. (Überlgn); *šbai̯χv, -ə* vereinz. zwischen Handsch., Aglasterhsn und Rapp. bis Mörsch und Spessart; *šbai̯šv, -ei-* verbr. nördl. Kurpfalz bis Odenwald; *šbai̯χdv, -ər* Mönchz. (neben *šbai̯χv* und *šbai̯fv*), verbr. zwischen Kurpfalz und Bruhrain; *šbai̯šdv* verbr. Kurpfalz, Bleib., Ehrenstet.; *šbei̯χ(ə)r* vereinz. Ufgau, Bleib., Ehrenstet.; *šbai̯χər* um Pforzhm, Malsch (Ettl.), Schenkenz.; *šbi̯χ(ə)r* verbr. von Au a. Rh. über den Ufgau, nördl. u. mittl. Schwarzwald bis Wildgutach; *šbixr, -i̯-* verbr. in der Rheinebene zwischen Ottersd. und Hanauerland; *šbixv* Plittersd., Sinzhm; *špi̯χv^r* Rotenfels; *šbī̯χ(ə)r* Sandw., vereinz. am Ostrand des mittl. Schwarzwalds, Furtwangen, St. Märgen, St. Peter, Wieslet, Hombg; *špi̯χ(e)r, -i̯-* Zell a. H., verbr. zwischen Schönwald und U.glottert., Bietgn (Konst.); *šbī̯χ(ə)r, -ī̯-* Reichenb. (Hornbg), Bahlgn, Opfgn, Saig, Stockach; *špī̯χ(ə)r, -x-* verbr. Hochschwarzwald, Zoznegg, sowie im Linzgau; *špi̯χv* Simonswald, Bleib., Ühlgn; *šbī̯χr* Dietenb.; *špi̯χv* Owgn; *špae̯xər, -ei-* Donaueschgn, Pfohren; *šbei̯χr* Heinstet., U.bränd, Liggersd., Mindersd.; *špēi̯x^r* Schwand.; *špei̯χər, -ei-* Pfaffenrot, Liggersd., Sauld., Konst.; *špai̯xr* Waldsh. – m.: **1)** ,freistehendes Gebäude neben einem Wirtschaftsbetrieb', häufig üblich bei Höfen des mittl. und hohen Schwarzwalds, vgl. dazu Mein Heimatl. 1939, 47ff., H. Schilli 215f., SSA-Aufn. 230/2. – **a)** für die Unterbringung von Vorräten aller Art; Schwer 41, Schmider KK 91, Wahr 41; „Neben jedem Hof ... steht möglichst solid gebaut und ohne Strohdach der *Spicher*" Hansjakob: Wilde Kirschen, Stuttgart 1921, 352; „Der Speicher ist mit dem Stall der beste Zeuge für den Wohlstand eines Hofes" eb. – **b)** zum Aufbewahren des Getreides; für noch nicht gedroschenes Getreide: Saig, Peterst., Reichenb. (Hornbg)/SSA-Aufn. 226/1; für gedroschenes Getreide: vielerorts im mittl. und hohen Schwarzwald SSA-Aufn. 110/6 (Belege nicht sicher zu trennen von Bed. 2b); 1516 *capittelhauß, speicher, mühlen und badstuben* Sulzb. (Mosb.)/Bad. Weist. 4, 429; 1546 *auf ihren speicher gen Worms wehren* (= geben) Schrieshm/eb. 2, 93; 1655 *nachgehens uf der kellerey Heppenheim speyger geliefert* eb. 2, 282; 1623 *auf des klosters speicher liefern* Billighm/eb. 4, 213; 1704 *3 Sr gerst zu röllen* (→ *röllen*) *von dem Speicher zu Bischen* (= Rheinbischofsheim) Orten. 1957, 215. – **c)** für Geräte, ,Wagenschopf', auch weiter entfernt vom Haus auf dem Feld O.harmersb., Riersb., Überlgn a. B. – **d)** ,Wohngebäude'. α) ,Austragshaus, Altenteil' verbr. Elz- und Glottertal, Freiamt sowie im äußersten SO-Baden von Schwand. bis Uhldgn, E. Dreher 37, Bettinger 70, Siegelau, Bleib./Alem. 25, 42; *im šbī̯χ^r ōbə gwōnt* Wieslet; zu den versch. Bezeichnungen und Gepflogenheiten vgl. E. H. Meyer 326. – β) ,Hütte armer Leute' Schwenngn/Umfr. – **2)** ,Teil eines Hauses'. **a)** ,Dachboden über dem Wohnhaus (teilweise auch Stall), oberster Boden' verbr. Nord- und Mittelbaden, sowie Hochschwarzwald, Baar, vgl. dazu SNBW IV/97 und SSA-Aufn. 222/1; Roedder Vspr. 530, Lenz Wb. 14. 66, Frei Schbr. 153, Liébray 277, Reichert 67, Götz 50, Meis. Wb. 176, O. Sexauer 59, Ruf 36, Heberling 7, Burkart 42, Fischerb./Schrambke Stellung 471, Fuchs 63, Heidelbg/Bad. Heim. 1917, 78, Ottersd./ZfdMu. 1914, 344; „nicht über die Scheune" Wiesloch. – **b)** ,Kornkammer, oberer Teil des Hauses für Getreide' vielerorts im Ufgau, vereinz. Markgräflerland SSA-Aufn. 110/6 (Belege nicht sicher zu trennen von Bed. 1b). – c) ‚Speisekammer, Rauchfang' Zell a. H., Furtwangen, St. Märgen. – d) ‚Abstellraum'; verbr. zwischen Murg und Oos, Nordrach, Schapb., Opfgn/SSA-Aufn. 220/5. – 3) FlN. a) 1341 *der spicher 12 manhŏwat* Bahlgn/Tennenb. Güterb. 17. – b) Waldgelände im Westen der Gemarkung Bietingen bei Gottmadingen; 1599 *vff dem Spicher glegen* E. Schneider Biet. 208. – c) ‚Hanfland', wohl in Siedlungsnähe gelegen; 1825 *1 Vlg. im Speicher, der Speicher* gen. Rielasgn/Hegau-Flurn. II, 52. – Vgl. *Altbauern-, Kehlspeicher,* Syn. zu 1dα) vgl. *Altenteil, Aushalt, Haus 6bε, Leib(ge)dinghaus, Pfründnerei;* Syn. zu 2a) vgl. *Boden 3, Bühne, Estrich, Hochoberte, -rechen, Hurde 3. 4, II Kast, Kasten 2b. c, Katzenboden, Laube 2b, Oberbühne, -kästel, I Schütte 2, II Sol.* – Ahd. *spîhhâri*, mhd. *spîcher* zu lat. *spicarium*, das auf lat. *spica* ‚Ähre' zurückgeht. – DWb. 10/1, 2070; Eichhoff I, 24; Els. 2, 534; Fischer 5, 1500; Pfälz. 6, 242; SDS VII, 236f.; Schweiz. 10, 30.

Speicher-acker *šbixəragər* Steinach. – m.: FlN eb.; *de ald schbicheragger* Bad. Flurn. III 3, 97; 1824 *Die Speicherackern* eb. 96. – Benennung zu → *Speicher 1c*, der auf dem Gelände stand.

Speicher-häusle *šbixerhîsli* Reute (Emm.). – n. (Dim.): ‚kleiner → *Speicher 1*' eb.

Speicher-hexe *šbaišdvhegs* Oftershm. – f.: Schimpfwort für eine unordentliche, schlampige Frau Frei Schbr. 153.

Speicher-kammer f.: ‚(Schlaf-)Raum im Dachgeschoss Kinzigtäler Höfe', selten H. Schilli² 172f.

Speicher-stege *šbaišdvšdēg* Oftershm. – f.: ‚Treppe zum Dachboden' eb. – Els. 2, 579; Schweiz. 10, 1506; Südhess. 5, 1149.

† **Speicher-wärtel** m.: ‚Speicheraufseher'; 1297 *herren Johes sæligen dez spichwærtelz sûne* Fr. Wilhelm Urk. 4, 73. Regesten Nr. 2677.

Speidel *šbedl* Werthm, Werb.; *šbaidl, -ai-, špaitl* verbr. N-Baden bis Pfinzgau; *šbail* Handsch.; *šbîd(ə)l, -î-, -i-* verbr. Mittelbaden zwischen Murg und Rench; *šbəidl* Pforzhm, Schenkenz.; *šbeid(ə)l* Hausen i. T., Gutenstein, Lörrach; *špeidl, speitl, -ei-* Heinstet., Leibertgn, Engelswies. – m.: **1)** ‚Keil aus Eisen oder Holz'; 1763 zum Spalten großer Klötze oder Steine E. Schneider Durl., Schwarz 77, O. Sexauer 100, Burkart 22, R. Baumann 83, Ruf 36, Glattes 34, SSA-Aufn. 172/5. 6; O.weier (Rast.)/ZfDMu. 1916, 287; 17. Jh. *speidel und spähn* Salem/Alem. 3, 283; „ein auf zwei gegenüberliegenden Seiten zugeschärftes, breites Stück Holz zum Einkeilen" Mittelbaden/ZfDMu. 1915, 213. – **2)** übertr. ‚großes Stück Brot' Langensteinb., Ruf 36; *inn Schbîdl Brod* R. Baumann 83; *šbidel brŏd* Neusatz; vgl. *II Rampen.* – **3)** ‚Holzsplitter' Mörsch; vgl. *Spreißel.* – **4)** ‚keilförmiges Stoffstück als Einsatz zwischen Hosenbeinen, unter der Schulter oder zur Erweiterung von Hemden; Zwickel' Wibel Mu. I, 115, Platz 303, Roedder Vspr. 530, Lenz 1, 45, Humburger 174, Frei Schbr. 153, Liébray 277, Meis. Wb. 176, Rapp./ZfHD Mu. 1901, 123, O.weier (Rast.)/ZfDMu. 1916, 287, Heidelbg/Bad. Heim. 1917, 83; Syn. *Lasche 1b, Raute 2b, Spickel, Zwickel.* – Vgl. *Spaltspeidel.* – Nach Kluge 685 zu mhd. *spidel, spedel* ‚Splitter' mit Einfluss von mhd. *spîl* ‚Spitze'. Vgl. dazu auch Beitr. 15, 192 und DWb. 10/1, 2073. – Fischer, 5, 1501; Pfälz. 6, 244; Schweiz. 10, 51.

speideln → *gespeidelt voll, zuspeideln.*

Spei(e) *šbęi* Völkersb., Pfaffenwlr (Freib.), O.ried; *šbeiə* Hauserb.; *šbęib* Schonach, Gremmelsb., Sunthsn. – f.: ‚Speichel, Spucke' Fleig 120. – Mhd. *spîe* (f.), *spî* (m.). – Vgl. *Speichel, Speiete.* – DWb. 10/1, 2074 (*Speie,* f.); Fischer 5, 1499 (*Spei,* m.); Schweiz. 10, 631 (*Spǖw,* m.). 643 (*Spǖw(i),* f.); Südhess. 5, 1147 (*Spei,* m.).

speien *šbēə* Rippenw., Handsch.; *šbaixə* Schönau (Heidelb.); *šbixə* mancherorts zw. Neckar und Elsenz, Meckeshm, Zuzenhsn; *šbišə* Oftershm, Mönchz., Waldwimmersb., Baiert.; *šbaijə, -ai-, -åj-* Wiesloch, Östrgn, Lenzk., Kleinkems, Zell i. W., Istein; *šbaigə* St. Ilgen (Heidelb.), St. Leon, Stettf., Menzgn, Bauerb., mancherorts Pfinzgau, Niefern; *šbeigv* Jöhlgn; *šbeigə, -ei-* mancherorts Enz-Pfinz-Gebiet, Pforzhm und Umg., Pfaffenrot, Völkersb., Munzgn; *šbīgə* mancherorts Enz-Pfinz-Gebiet; *šbīəgə* Ellmendgn; *šbeiə, -ej-, -ei-* Hundsb., Griesb. (Freudenst.), Kniebis, verbr. mittl. Schwarzwald, Breisgau, Jechtgn, Grisshm, Istein, Waldau, Schollach, Neust., Liggersd., Stockach, Konst.; *šbeiv* Reute (Emm.); *špaiə* Bonnd. i. Schw.; *špeiə* Frickgn; *šbęiwə, -ei-* Kaltbrunn, Schenkenz., Wittichen, Lehengericht, Schiltach, Schonach, Gremmelsb., Schönwald, St. Georgen i. Schw., Gütenb., Neuk., Schollach, Weiler (Vill.); *šbęibə* Furtwangen, Sunthsn; Part.: *gšbēd* Handsch.; *gšbixd* Schönbrunn, Aglasterhsn, Asb., Meckeshm, Zuzenhsn; *gšbišd* Mönchz., Waldwimmersb., Baiert.; *gšbixə* Eschelbronn; *gšbīə* St. Leon, Wiesloch, Östrgn, Stettf., Munzgn; *gšbaigd* Wiesloch; *gšbīgə* Kürnb., Rinklgn, mancherorts Raum Pforzheim; *gšbigə* Bauerb., in Jöhlgn neben *gšbīgv; gšbogə* Pfaffenrot, Ellmendgn; *gšbīwə* Schenkenz., Schiltach; *gšbeid, -ei-, -t* verbr. Breisgau, mancherorts mittl. Schwarzwald, Jechtgn, Grisshm, Istein; *gšbeibd* Furtwangen; *gəšpáit* Bonnd. i. Schw.; *gšbīə* Stockach; *kšbeit* Liggersd. – teils st., teils schw.: **1) a)** ‚mit dem Mund Speichel auswerfen, spucken' Nadler 276, Frei Schbr. 154, T. Raupp 122, Kürnb./Umfr., F. Schlager 62, Boger 18, O. Sexauer 163, Baur Kt. 77, Schwendemann Ort. 1, 5. 24, Schulze 47f., Schwer 42, Klausmann Kt. 49, Brunner 22. 99, Glock Breisg. 130, Nr. 119, M. Braun 147, Krupp-Kleiser 166, Claudin 193. 226, Gesser 146. 195, E. Dreher 37. 94, Joos 158, Kenzgn/ZfHD Mu. 1, 364; *uf də bodə gšbeid* H. Lickert 504; *I schbeig da ans G'sichd* Schwarz 129; *dem hewe middl ans G'sicht g'schbiegə* eb. 77; *du dårfš id uf də bodə herə šbajə* Ketterer 35; Ra.: *in d Händ speiwe* (z. B. vor Arbeitsbeginn) O. Fwgler 7; *ěr schbeibd Gifd un Galě* ‚er ist sehr zornig' Fleig 120. Wem *gheerig in d Subbe gschbäid* wird, dessen Pläne werden durchkreuzt Strube Täik 99. Weitere Ra. unter → *Kuh.* – **b)** bildl. ‚etw. in größeren Mengen auswerfen'; *Un schpeichder Feur und züngelt* Nadler 190; auch Wörter/Argumente: *da* (der) *schbeit nit schlächt drgev* (über einen, dem etwas nicht passt) Reute (Emm.). – **2)** ‚sich übergeben, erbrechen' Fleig 120, Freib., Heinstet., Fuchs 10. 63. 71, Frickgn/Umfr. – Ahd. *spî(w)an, spîgan,* mhd. *spî(w)en, spîgen,* auch *spiuwen* und weitere Nebenformen, deren mu. Entsprechungen sich bei uns tw. unter → *spauchen/späuchen, spauen/späuen, spauzen/späuzen* finden. Für ausführliche etym. Angaben (auch zur kons. Entwicklung im Wortinnern) vgl. DWb.10/1, 2074ff. sowie Schweiz. 10, 638f. – Weiteres → *Poppermint;* vgl. *anspeien, feuerspeiend;* vgl. *kodern 1, spucken.* – ALA I, 70; Els. 2, 533; Fischer 5, 1501; Pfälz. 6, 244; Schweiz. 10, 632; Südhess. 5, 1149.

I **Speier** ‚Angeber' → *Späuer*.

II **Speier** „*špeiern*" Mosb.; bes. im Dim.: š*baiərlə* so u. ähnl. Rippenw., Ursenb., Mudau, Buchen, Hettgn, Rettighm, Würm; š*baiərlin* Eberb.; Dim.-Pl.: š*baiər-*, š*beiərlin* Eberb.; š*baiərli* Hettgn. – m., f.?: Tiern., versch. Schwalben- und Seglerarten Humpert Mudau 209, Eberb. Geschichtsbl. 1953, 5, Hettgn/ZfD Mu. 1917, 160, bes.: **1)** ‚Turm-, → *Mauerschwalbe*, Apus apus' Mosb., Rettighm/Mitteil. 1919, 80. – **2)** ‚Haus-, Rauchschwalbe, Hirundo rustica' Rippenw., Ursenb. – **3)** ‚Mehl-, Dachschwalbe, Delichon urbicum' Breunig 35. – Zu mhd. *spîre* (f.) ‚Spier-, Turmschwalbe', *spîrer* (m.) ‚Uferschwalbe'. – Vgl. *Spier(e), Spierschwalbe, Steierle*. – DWb. 10/1, 2082; Fischer 5, 1504; Schweiz. 10, 448 (*Spīr*). 451 (*Spīrer*); Südhess. 5, 1150.

III **Speier** m.?: Tiern., ein nicht näher bez. Weißfisch, wahrsch. → *Nase 3*; „*speiər*" 1923 Waldenhsn. – Viell. zu mhd. *spirer* (Lexer mhd. 2, 1098). – DWb. 10/1, 2082.

IV **Speier** (Stadt), **Speierer** → *Speyer, Speyerer*.

Speier-acker, -äcker m., Pl.: FlN Ettlgn; 1720 *im Kelterfeldt in Speyer Äckern* E. Schneider Ettl. 2, 184; 1811 *in dem Speier acker* eb.; 1866 *Speieräcker* eb.; mu. š*beiərəgər* eb. – Bestimmungswort viell. zu → *II Speier*.

Speierle n. (Dim.): dass. wie → *Speikerze*, darf am Weihnachtsbaum nicht fehlen 1938 O.bergen.

Speierleins-graben š*baijərləsgräwə* Werthm. – m.: FlN eb./Platz 302. – Viell. zu → *III Speier*.

† **speierlich** Adj.: ‚zum Erbrechen reizend'; 1711 *daß ist speÿberlich* Elis. Charlotte/Lefevre 344. – Zu → *speien 2*. – DWb. 10/1, 2083.

Speierling š*baiərliŋ* Taubergrund; š*baiərli* Werthm; „*Spürli*" Badenwlr, Britzgn. – m.: PflN. **1)** ‚Sorbus domestica, Ebereschenart' Platz 302, Badenwlr, Britzgn/Mitteil. 1915, 379; im → *Pfefferlied*: *Spitzli, Speierli, Rösli drou - die Braut, die hat nen schönen Mou* O.balb./Od ZVk. 1927, 29; E. H. Meyer 313. – **2)** ‚Crataegus area, Weißdornart' Heilig Gr. 38. – Vgl. *Eschkirsche, Mehlbeere*. – DWb. 10/1, 2083; Fischer 5, 1504; Pfälz. 6, 244; Schweiz. 10, 454; Südhess. 5, 1150.

Speiermer → *Speyerer*.

Speier-ritt m.: ‚Fischfang um Ostern in der Tauber' Werthm/Wibel Mu. I, 106. – Bestimmungswort zu → *III Speier*.

Speier-wiese f.: FlN Ettlgn; 1518 *vff die Speyer wis* E. Schneider Ettl. 2, 185. – Vgl. *Speieracker, -äcker*.

Speiet(st)e š*beiədə* Rippoldsau, Schapb.; š*beifədsdə* Wolfach; š*bejiwədə, -di* Schonach, Tribg; š*bejədsdə* Lehen; š*bejədə* Hochd., Harthm (Freib.), Eschb. (Heitersh.), Grisshm, U.münstert., Liel, Istein (neben š*bajədə*); š*bæjədə* Britzgn, Neuenburg a. Rh., N.weiler; š*bâjədə* Tannenk., Zell i. W.; š*beidə* Stahrgn. – f.: ‚Speichel, Spucke' Fleig 120, Claudin 222, Gesser 200; *v Schbeivdv* Reute (Emm.). – Zu → *speien* (etym. Hinweise s. d.). – Vgl. *Schickspeiete*; vgl. *Mumete, Speichel*. – ALA I, 69; DWb. 10/1, 2083; Els. 2, 533; Fischer 5, 1504. 6/2, 3142; Schweiz. 10, 642 (*Spû(w)ete*).

speigen → *speien*.

Spei-kerze f.: ‚Draht mit aufgetragener Brennschicht, die beim Abbrennen Funken versprüht', auch als Christbaumschmuck; *Sternchen spuckende Schpeikerzen* 1938 O.bergen. – Zu → *speien 1b*. – Vgl. *Speierle, Sternenschmeißer, Wunderkerze*.

Spei-kind š*baikhind* O.scheffl. – n.: ‚Säugling/Kleinkind, der/das nach dem Stillen/der Mahlzeit kleinere Mengen Nahrung wieder ausspuckt/erbricht' Meis. Vk. 46; verbr. im Sprichw.: š*baikhind gait gədaikhind* ‚häufiges Erbrechen ist ein Zeichen für späteres gutes Gedeihen' Roedder Vspr. 530b; ähnlich: *Schbeikinn senn Deihkinn* 1966 Höpfgn. – Zu → *speien 2*. – Weiteres → *Gedeihkind*. – Fischer 5, 1504; Pfälz. 6, 245; Südhess. 5, 1150.

Spei-kistle š*baikišdli* Schonach. – n. (Dim.): ‚Spucknapf' eb. – Vgl. *Schicknapf, Späu(z)-, Speitrog, Spuckkasten*. – DWb. 10/1, 2084; Els. 1, 477 (*Spoükistle*); Fischer 5, 1505; Schweiz. 3, 544 (*Speuchistli*).

Speis š*beis, -ei-* Pülfrgn, Mannhm, Oftershm, Jöhlgn, verbr. entlang des Rheins von Mörsch bis Greffern, nördl. und mittl. Schwarzwald, Kehl, vereinzelt Elztal und Markgräflerland, Jechtgn, Lehen, Dossenb.; š*bais, šp-* vereinz. Bauland, Kurpfalz, Bruhrain, Sandw., Bühlert., Diershm; š*peis* Weinhm, Stein a. K., Eppgn, Sandw., Gernsb., Biberach, Wehr, Radolfz.; š*bais* Pforzhm; š*bīs* Muggensturm, O.weier (Rast.), Kork, Steinen, Nollgn. – m.: ‚Mörtel' Roedder Vspr. 530, H. Schmitt² 85, Bräutigam So 126, Lenz Wb. 66b, Frei Schbr. 153, Liébray 277, Dischinger 183, Bruhr. 157, Meis. Wb. 176, R. Baumann 85, Burkart 45. 267, Braunstein N 1, 13, Fleig 120, Schäuble Wehr 138, Ellenbast 67, Zaisenhsn/ZfdMu. 1908, 66. 1909, 178; O.weier (Rast.)/eb. 1916, 287; Handsch./eb. 1918, 157; 1761 *wurde ... der hintere Giebel* [der Kirche von Gütenbach] *mit Speiß angeworfen* J. Fischer 45; *auf den Lehm wurde eine dünne Schicht „Speis" aufgebracht und glattgestrichen* Turmberg 1964, 37; *der Speis fiel von der Decke herab* Albrecht hs. – Etym. gleichen Urspr. wie → *Speise*, vgl. DWb. 10/1, 2085. – Fischer 5, 1505; Pfälz. 6, 245; Schweiz. 10, 521 (*Spis 5b*); Südhess. 5, 1150.

Speis-bube š*bais-*, š*beisbū* verbr. N-Baden bis zum Pfinzgau; š*bais-* Pforzhm; š*bâis-* Mörsch; Pl.: š*baisbūwə* O.scheffl., Rapp.; š*bīs-* O.weier (Rast.); Dim.: -*bīwlə* O.scheffl. – m.: ‚junger Hilfsarbeiter am Bau, Maurerlehrling', rührt den Mörtel (→ *Speis*) an und trägt ihn dem Maurer zu H. Schmitt² 85, Roedder Vspr. 530, Lehr Kurpf.² 142, Bräutigam So 126, Humburger 174, Frei Schbr. 153, Bruhr. 157, Meis. Wb. 176, Wagner 186, O.weier (Rast.)/ZfdMu. 1916, 287; *Wann mer den vunnanner breche dät, könnt mer zwee Schbeißbuwe draus mache!* (von einem Hochgewachsenen) 1952 Heidelbg; auch als Schelte: *Dä Hidlä* (= Hitler)*, dess Schbaisbüwl, hodd uns änns Ungligg gschdädzd* Dischinger 183. – Pfälz. 6, 245; Südhess. 5, 1151.

Speise š*baisə* O.scheffl.; š*bais* Östrgn, Rapp.; š*beis* Tribg; š*bīs* O.weier (Rast.), Konst., Reichenau. – f.: **1)** ‚Essen, Nahrung', in der Mu. selten, dafür eher → *Essen, Eßware, I Kost* Roedder Vspr. 530, Meis. Wb. 176, Dischinger 183, Fleig 120, O.weier (Rast.)/ZfdMu. 1916, 287, Handsch./eb. 1918, 157; 1506 *so soll man demselbigen vogel sein speiß geben. Und ob er einen hund hett mit ihm laufen, so soll man ihm auch geben sein speiß* O.scheffl./Bad. Weist. 4, 398; 1623 *nebst erstgemeldter speiß fleisch und wein gegeben* Allf./eb. 4, 166; 1585 *so doch ain jedes verstendig christenmensch die speis der seelen ... suechen und betrachten ... solten* Überl. Stadtr. 561; Volksreim: *Linsvsuppv aß i garv, / Arwessuppv* (Erbsensuppe) *is mei Speis* Dertgn/Umfr. – **2)** ‚Köder zum Fischfang' Möking 38; 1790 [die Angelschnur] *mit lebendig oder todter Speise versehen* Stoffel 357; *500 Stük mit todter Speiss und 1000 mit lebendig Speiss* eb. 362. – Weiteres → *pikieren 1*; vgl. *Eier-, Extra-, Fasten-, Glocken-, Leib-, Mehl-, Studenten-, Süßspeise(n)*. – Aus der Klostersprache, zu mittellat. *spēsa*, älter *spensa*, zu lat. *expēnsa* ‚Aufwand, Kosten', vgl. DWB. 10/1, 2085. – Fischer 5, 1505; Pfälz. 6, 246; Schweiz. 10, 521; Südhess. 5, 1151.

Speise-kammer *špīskxamər* MARKELFGN, *šbejskhammr* um LIGGERSD.; Dim.: *šbaisəkhemvlə* PLANKST. – f.: ‚(kleiner) Raum zur Aufbewahrung von Lebensmitteln' TREIBER 8, E. DREHER 37, ZINSMEISTER 27. – Vgl. *Freiklamine*. – DWB. 10/1, 2105; Fischer 5, 1507; Pfälz. 6, 246; Schweiz. 3, 253; Südhess. 5, 1152.

speisen *šbaisə* HETTGN, *šbīsə* BIETIGHM, MOOS (BÜHL), NEUSATZ, O.WEIER (RAST.). – schw.: 1) ‚das heilige Abendmahl empfangen bzw. austeilen', schon Anf. des 20. Jh.s als veraltet gemeldet, nur in dieser Bed., sonst → *essen* 1921 MOOS (BÜHL), O.WEIER (RAST.)/ZfDMU. 1916, 287; *ins Schbiisè gee* ‚zur Kommunion gehen' RITTLER 130. – † 2) ‚eine Flüssigkeit hervorbringen' (?); 1819 *... gieb dem Kranken Morgens und Abends 1 Nuß groß, 3 Stund darauf gefastet, und weil* (= während) *die Leber hitzig speißt* ARZNEYBUCH BIERBR. 15; ob hierher oder evtl. zu *speien* ist unklar. – Mhd. *spīsen*. – Vgl. *verspeisen*; vgl. *kommunizieren*. – DWB. 10/1, 2109; Fischer 5, 1506; Pfälz. 6, 246; Schweiz. 10, 539; Südhess. 5, 1152.

† **Speis-gewölbe** n.: ‚gewölbte Kammer zur Unterbringung von Lebensmitteln'; 1577 *speyssgwelb* PFULLEND./ALEM. 3, 288. – Vgl. *Brotgewölbe, Speisekamer*. – DWB. 10/1, 2103; Fischer 5, 1507.

speisig Adj.: ‚eine Metallverbindung enthaltend', Bergmannsspr. Kinzigtal; *1 bis 5 Zoll mächtige Erze, welche der damalige Bergmeister Mayer für „speisigen Wolfram" erklärte und worin er 10 % Zinn gefunden haben wollte* Beiträge z. Statistik d. inn. Verwaltung 21, 120. – Zu mhd. *spīsen*, das in Bezug auf Metalle auch ‚miteinander mischen' bed.; vgl. LEXER MHD. 2, 1100. – DWB. 10/1, 2127.

Speis-kübel *šbeiskiwl* MANNHM, OFTERSHM. – m.: ‚Behälter, in dem der Mörtel angerührt wird' FREI SCHBR. 153; Ra.: *der Deller is voll wie en Schbeiskiwwl*, sagt man für einen überladenen, übervollen Teller BRÄUTIGAM So 126. – Vgl. *Mörtelkübel, -pfanne*. – Fischer 5, 1507; Pfälz. 6, 248; Südhess. 5, 1153.

Speis-mande *šbeismanə* WESSENT. – f.: ‚Tragekorb für Mörtel' 1923 eb. – Zum Grundw. vgl. → *Mande*.

Speis-mauer f.: FlN, Schutzmauer an der Schönauer Straße ZIEGELHSN; 1861 *die sog. Speißmauer* BAD. FLURN. III 6, 61; 1837 statt in bis dahin üblicher Trockenbauweise mit → *Speis* errichtet, Rhein-Neckar-Zeitung v. 6.10.2020.

Speiß(en) *šbīsə* GUTACH (SCHWWALDB.), TRIBG, O.-BRÄND, TODTNAUBG, WIEDEN, NEUENWEG, LIPPERTSR., WORBLGN, KONST.; *šbīs* verbr. oberes Gutach-, Elz-, Breg- und Wildgutachtal bis ST. PETER, BREITNAU und JOST.; *šbisə* BLEIB., GLOTTERT., O.SIMONSWALD; *šbīs* vereinz. Baar, zwischen STOCKACH und ÜBERLGN A. B., ESCHB. (WALDSH.); *špīsə, -ī-* verbr. an Brigach und Breg, Baar, südl. Schwarzwald östl. der Wiese, Hotzenwald, Klettgau, Hegau, Bodanrück, Linzgau; *šbīsə* MÖHRGN; *špeisə, -v* verbr. im nördl. Zipfel SO-Badens zw. HEINSTET., SCHWAND., HERDWANGEN und BURGWLR, KONST.; *šbeisə* LIGGERSD., MINDERSD.; Dim.: *špīslj, šb-* SCHÖNWALD, TRIBG; *šbīsle* SCHONACH, ST. GEORGEN I. SCHW.; *šbīsle* STOCKACH. – m., f. (SCHONACH, VÖHRENB., URACH, ST. PETER, BREITNAU, JOST., NEUENWEG): 1) a) ‚kleiner (Holz-)Splitter', oft als in die Haut eingedrungener Fremdkörper wahrgenommen REICH BAAR. ID. 9, KRAMER GUTMADGN 279, W. SCHREIBER 53, FUCHS 25, W. ROTHMUND 14, ELLENBAST 67, JOOS 105, E. DREHER 37, Hegau/DER HOHENTW. 1924, 73; LIPPERTSR./BAD. HEIM. 1936, 182; *è Schbüüs im Fingr* FLEIG 120; *i hä ən šbīsə im tsoagfiŋər* SUNTHSN. – b) ‚Anfeuerholz', dass. wie → *Spachen* 1b FLEIG 120, ÜBERLGN A. B.; *šbīsle maxə* FUCHS 77e, ähnl. ST. GEORGEN I. SCHW.; spez. ‚Kienspan' 1980 SCHONACH. – c) ‚Hülse bzw. Ährenstachel der Gerste, Dorn' 1973 O.BRÄND, SUNTHSN, ELLENBAST 67. – 2) übertr. a) ‚spindeldürrer Mensch' KRAMER GUTMADGN 279. – b) ‚kleiner Kerl' SUNTHSN. – c) ‚zarte, empfindliche Frau' 1936 ST. PETER. – Syn. u. Etym. s. → *Spreiße(n)*, hier mit r-Schwund, vgl. SCHWEIZ. 10, 929 (unter *Sprīss*). – Fischer 5, 1508; Klausmann KSA Kt. 13.

† **Speis-tröglein** n.: ‚Speisebehälter' (zum Transport?); 1577 *speiströglin 1*, in einem Inventarverzeichnis PFULLEND./ALEM. 3, 287. – Fischer 5, 1508.

Speis-vogel m.: ‚Mörtelbehälter, der auf der Schulter getragen wird'; *Schbeißvogl* JÖHLGN/SCHWARZ 77. – Zum Grundw. s. → *Vogel* 4d. – Pfälz. 6, 249; Südhess. 5, 1155.

Spei-teufel m.: ‚Häufchen angefeuchtetes Schießpulver', selbst gebastelter Feuerwerkskörper, der unter Zischen/Knistern abbrennt (vgl. → *speien* 1b) PLATZ 302; Ra.: *losgee wii ən Sbaidaüfl* ‚wütendes Gebaren' eb. – Vgl. *Spauzteufel*. – DWB. 10/1, 2128; Fischer 5, 1509.

Speitig-zu-nacht n.: ‚Abend nach Sabbatausgang' GAILGN/GUGGENHEIM 20; *Am „Schbäitigznacht" hot mer gsaagd: Sou, kummed jetz raing, mer mached Afdaule!* (= Hawdala ‚Unterscheidungssegen') eb. – Bestimmungsw. wohl zu hebr. *Schabbat* ‚Sabbat, Samstag'. – Guggenheim-Grünberg: Wörterbuch zum Surbtaler Jiddisch. Zürich 1976, 35.

Spei-trog m.: ‚Spucknapf' 19. Jh. KONST. – Vgl. *Späu(z)trog, Speikiste*.

† **Spei-vogel** m.: Schimpfwort 1629 EBERB. GESCHICHTSBL. 1954, 14, „heute nicht mehr üblich" eb. – DWB. 10/1, 2129; Els. 1, 101; Fischer 5, 1509; Schweiz. 1, 696.

Speiz, Speize → *Spauz/Späuz, Spauze/Späuze*.

Speizel → *Späuzel*.

speizen → *spauzen/späuzen*.

Speizete → *Spauz(e)te/Späuz(e)te*.

Speizich, Speizig, Speizung → *Spauzich, Späuzich, -ig*.

Spektakel *špekdaxəl* FREUDENBG; *šbegdágl, -e-* MUDAU, O.SCHEFFL., ADELSHM, RAPP., MÖRSCH, RHEINBISCH., ALTENHM, TRIBG, REUTE (EMM.); *šbedágl, -e-* HETTGN, vereinz. N-Schwarzwald, Ortenau, KENZGN, SCHONACH, FREIB.; *šbegdágl, -dôgl* verbr. Kurpfalz, LÖRRACH; *šbegdorɔl* OFTERSHM; *šbəggdagl* AUGGEN; *šbidagxəl* HÄUSERN; *šbedákl* STOCKACH. – m.: 1) ‚Lärm, Radau, Aufruhr, Unruhe' HUMPERT MUDAU 205, LENZ WB. 66, FREI SCHBR. 153, LIÉBRAY 277, MEIS. WB. 176, BURKART 237, G. MAIER 139, FLEIG 120, BECK 227, FUCHS 42, KENZGN/ZFHD MU. 3, 94; *maxt dox gən sou ən šbegdágl!* ROEDDER VSPR. 530, ähnl. BRAUNSTEIN RAA. 28; *er soll uffhëra mit sim šbedagəl macha* STAEDELE 10; *was isch als dort e großer Speddagel gwesen am Bach* EICHRODT 117; Wetterregel: *Wänn de Abril Schbägdakl macht, git's Hau* (Heu) *un Korn in voller Brachd!* ALTENHM/Marx BII. – 2) ‚Ärgernis erregendes Vorkommnis' O.WEIER (RAST.)/ZfDMu. 1916, 286. – Weiteres → *Mirakel, II sieben 1*; vgl. *Heiden-, Mordsspektakel*; Syn. vgl. *I Krach 2a, Radau*. – Zu lat. *spectaculum* ‚Anblick, Schauspiel'. – DWB. 10/1, 2131; Fischer 5, 1510; Pfälz. 6, 249; Schweiz. 10, 107; Südhess. 5, 1156.

spektakelieren schw.: ‚Krach machen' A. HERMANN 6. – Zu → *Spektakel 1*. – Weiteres → *unding*.

Spektakel-macher m.: ‚Kesselmacher'; *Schbəckdaklma-*

cher REUTE (EMM.). – Benennung wohl aufgrund des Lärms, der bei dieser Arbeit entsteht; vgl. *spengeln 1. 2.* – Pfälz. 6, 250; Südhess. 5, 1157 (jew. andere Bed.).

Spektakelns n.: ‚Aufregung, Umtrieb, Aufhebens'; *dəs šbaegdagləs haw i jeds sat* MAHLBG/JÄGER 9.

Spektiv(e) ‚Fernrohr' → *Perspektiv.*

spekulieren *šbegəlīrə* WERTHM, MANNHM; *šbeglīvn* HANDSCH.; *špekəlīrə, špik(ə)līrə* HEIDELBG; *šbeguljərə* um SCHWETZGN, TRIBG, HINTSCHGN; *šbegljərə* ÖSTRGN, RHEINBISCH. – schw.: 1) ‚Wertpapiere ein- und verkaufen'; *... un sol no en ganz riche Má wore si mit em schpekëliarë mit dene Státsbapirer* O. FWGLER 62. – 2) ‚auf etwas lauern, Absichten haben' MANNHM GR. 178, LENZ WB. 66, FLEIG 120, HEIDELBG/BAD. HEIM. 1917, 91; *dea schbeguliad uff seim Vadda sei Geld* FREI SCHBR. 153; *doo brauchd-ä nedd druff schbëggliërä* DISCHINGER 184; *schbegliere, des kenne die Jouner ausem FF* HUMBURGER 174. – 3) ‚umher-, ausspähen, spionieren' PLATZ 303, RHEINBISCH./MEIN HEIMATL. 1927, 199. – 4) ‚grübeln, be-, nachdenken' PLATZ 303, FLEIG 120, vgl. *simulieren 1.* – † 5) ‚sich in mystische Betrachtung versenken'; *und lass úns speculieren den hohen wirdigen meister in siner getat!* SEUSE 172, 7. – Vgl. *verspekulieren.* – DWb. 10/1, 2136; Els. 2, 536; Fischer 5, 1510; Pfälz. 6, 251; Schweiz. 10, 94; Südhess. 5, 1158.

Spelle *šbęl, -e-* verbr. Kurpfalz zwischen WEINHM, MANNHM und WIESLOCH, FEUDENHM. – f.: 1) ‚Stecknadel (mit Kopf)' BRÄUTIGAM So 126, LENZ WB. 28. 68, NADLER 219, FREI SCHBR. 153, HERWIG-SCHUHMANN 118, TREIBER 74, H. SCHMITT² 119, HEIDELBG/BAD. HEIM. 1917, 80. – † 2) ‚Stricknadel' ELIS. CHARLOTTE/LEFEVRE 345; vgl. *Spiel 3b.* – 3) Tiern. ‚Libelle' HERWIG-SCHUHMANN 118. – Weiteres zu Bed. 1 unter → *Glufe*; vgl. *II Gespill*; Syn. zu Bed. 3 vgl. *Libelle, Seejungfer.* – Zu ahd. *spenala* ‚Stecknadel', aus lat. *spinula* ‚kleiner Dorn', Näheres zur etym. Entwicklung s. DWB. 10/1, 2147 (unter *Spendel*) und PFÄLZ. 6, 252. – DWA IV, 23; Schweiz. 10, 115; Südhess. 5, 1159.

spellen schw.: ‚mit Stecknadeln befestigen'; *Sie hawwe mer's jo selwer gschpellt* NADLER 124. – Zu → *Spelle 1* ‚Stecknadel'. – Pfälz. 6, 252.

Spellen-kopf m.: 1) ‚Stecknadelkopf'; *Schbellekobb* SCHRIESHM/HERWIG-SCHUHMANN 118. – 2) ‚frisch ausgeschlüpfte Fischlein'; Pl. *Spellekepp*, Anf. 20. Jh. bei der Heidelberger und Wieblinger Jugend so genannt ZFDW. 6, 74. – Pfälz. 6, 252; Südhess. 5, 1160.

Spellen-schisser *špęləšisv, šbeləšisər* MANNHM, HEIDELBG, WIEBLGN, LAHR. – m.: 1) Tiern. ‚(langbeinige) Libelle' BRÄUTIGAM So 126, LAHR, WIEBLGN/MITTEIL. 1915, 385, HEIDELBG/eb. 1919, 90; eb./BAD. HEIM. 1917, 82; eb./BADENER LAND 1921, 65; vgl. *Glufenschisser*, weitere Syn. s. u. → *Libelle, Seejungfer.* – 2) a) ‚Spottname für den Schneider' HEIDELBG/BAD. HEIM. 1917, 82. – b) ‚Spottname für einen Lieutnant' HEIDELBG. – Zu → *Spelle 1* ‚Stecknadel'. Der Beleg aus LAHR zu Bed. 1 entstammt einer Umfrage in der Badischen Zeitung (2001) und muss in seiner Ortsangabe als fraglich eingeordnet werden. – Pfälz. 6, 252.

Spell-kraut n.: PflN. ‚Feld-Mannstreu, Eryngium campestre' WIEBLGN/MITTEIL. 1915, 385. – Vgl. *Donnerdistel 2, Seichdistel.*

Spelm-eisen *šbęlmīsə* REMETSCHWIEL. – n.: ‚Schäleisen mit Holzstiel zum Abschälen der Baumrinde' eb. – Zu → *spelmeln.* – Vgl. *Schäleisen.*

spelmeln schw.: ‚schälen von Holz, das im Saft ist'; *na hęt mə s gšbęlmlət* 1971 REMETSCHWIEL. – Vgl. *schwelmen.*

Spelte(r) *šbęldər* WERTHM, TAUBERBISCH., WERB., O.-SCHEFFL.; *šbęldərn* HETTGN; *šbeldr, -e-* HIRSCHLANDEN, KAPPELWI., RHEINBISCH.; *šbeldv* RAPP., HANDSCH., JÖHLGN, O.WEIER (RAST.); *šbęldv* HEIDELBG, ZAISENHSN; *šbęldə* OFTERSHM, MÜHLGN, STOCKACH; *šbeld* MÖRSCH; *špęltə* MÖHRGN, SINGEN A. H.; *špęltə* ESCHB. (WALDSH.); *speęltə* MARKELFGN. – m., f. (O.SCHEFFL., HETTGN, MÖHRGN), n. (RAPP., MÖRSCH): 1) a) ‚abgespaltenes Stück Holz, Holzscheit' PLATZ 301, HETTGN, HEILIG GR. 30, WIBEL MU. III, 19, LENZ I, 45b, LIÉBRAY 277, W. ROTHMUND 21, W. SCHREIBER 52, ZINSMEISTER 49, FUCHS 63, RAPP./ZFHDMU. 2, 123, ZAISENHSN/ZFD MU. 1908, 66. 1909, 178, Hegau/DER HOHENTW. 1924, 62; *Spelter Houlz* ‚Teil eines gespaltenen Stammes' EHRMANN 293, ähnl. HEIDELBG; „früher immer vier Fuß" ROEDDER VSPR. 529b; *firšūiger šbeldv* (Länge beträgt vier Schuh) O.WEIER (RAST.)/ZFDMU. 1916, 287; ‚grobes, durch Spalten der → *Rolle 1c* gewonnenes, ein Meter langes Holzscheit' KIRNER 230. 462. – b) nur Dim.: *špęltə* ‚Splitter eines zertrümmerten Gegenstands' FREIB. – 2) übertr. a) allg. ‚große Stücke', nur Pl. BURKART 8. – b) ‚großes Stück Brot' SCHWARZ 72; Syn. → *II Rampen.* – Mhd. *spëlt, spëlter* ‚abgespaltenes Holzstück'. – Vgl. *Halb-, Lügenspälter.* – Els. 2, 540; Fischer 5, 1511; Pfälz. 6, 189 *(Spälter)*; SNBW IV/53; Südhess. 5, 1106 *(Spälter).*

Speltere *šbęldərə* TODTM., GRENZACH-WYHLEN, SCHOPFHM. – f.: 1) ‚gespaltenes Rundholz' GLATTES 33; ‚starkes Scheit Brennholz' GRENZACH-WYHLEN/BLMARKGR. 1919, 81. – 2) ‚großes Exemplar des Weißfisches Chondrostoma nasus' eb.; vgl. *Nase 3.* – Els. 2, 540; Fischer 5, 1511; Schweiz. 10, 227.

Spelte(r)-holz *šbęldərholds* O.SCHEFFL., WEINGARTEN; *šbęldəholds* MALSCHENBG; *šbeldrholts* O.WEIER (RAST.). – n.: ‚dass. wie → *Spelter 1a'* ROEDDER VSPR. 529b; 1550 *das außgeworfen spelterholz ... uffgeargt* (aufgesetzt) NECKARELZ/BAD. WEIST. 4, 324; 16. Jh. *es sey im pren-, zimmer- oder spelterholz* RITTERSB./eb. 354; „Länge betrug früher 4 Schuh" O.WEIER (RAST.)/ZFDMU. 1916, 287; „*Spälter Holz*" HEIDELBG/BAD. HEIM. 1917, 83; *die Dauwen* (→ *Daube*) *wurden aus dem Spelterholz ausgkauge* (ausgehauen), Küfersprache WEINGARTEN. – Pfälz. 6, 189.

Speltern *šbęldvrn* EBERB. – f.: dass. wie → *Sicherheitsnadel* 1950 eb. – Viell. eine Erweiterung zu *Spelte* ‚Stecknadel, Brosche' RHEIN. WB. 8, 312. – Vgl. *Spelle.*

Spelunke f.: ‚baufälliges Gebäude', selten OTTERSD./ZFDMU. 1914, 339. – Vgl. *Baracke, Knallhütte, Krachbude.* – DWb. 10/1, 2141; Fischer 5, 1511; Pfälz. 6, 252; Schweiz. 10, 116; Südhess. 5, 1160.

Spelz *šbelds, -ę-* verbr. Taubergrund, Bauland, Kurpfalz, RAPP., RHEINSHM, ZAISENHSN, MÖRSCH, ENGEN; *šbęls* HETTGN, HANDSCH., AUENHM; *šbęlts* O.WEIER (RAST.), RIPPOLGN, SCHWÖRST. (neben *šbölts*); *špęls* FURTWANGEN. – m., f. (HANDSCH.): 1) PflN. ‚Dinkel, Triticum spelta' 1895 EIERSHM/UMFR., ROEDDER VSPR. 531, LENZ WB. 66, FREI SCHBR. 153, MEIS. WB. 177, WAHR 23, HEIDELBG/BAD. HEIM. 1917, 78, MITTEIL. 1915, 369, ZAISENHSN/ZFDMU. 1907, 270; wird in AUENHM u. O.WEIER (RAST.) Anf. 20. Jh. nicht (mehr) angepflanzt MENG 50. 250, ZFDMU. 1916, 287; 1470 *an ruher frucht, das ist speltz, habern und Einkorn sint 9 Simr ein malter* BAD. WEIST. 2, 309; vielfach Bestandteil der Abgaben: 1603 *In den großen zehenden gehören nachvolgende früchten, als wein, korn, waizen, dünkel, gersten, spelzen und habern* SCHWARZACH/eb.

Spelzbock – spendieren

1, 205, ähnl. 1610 HANDSCH./eb. 2, 114, HOHENSACHSEN/eb. 2, 164 u. ö.; 1665 *aber an hofgülten und flürlich* (zu → *Flur 1*) *zins gefelt jährlichen jeden orts, als korn, spelz und habern, 3 malter* ZUZENHSN/eb. 1, 51; 1704 *Die Gemeind Willstett Hat ... in ermanglung Habern aus der Mühl allda 9 Sr speltz empfangen* WILLSTÄTT/ORTEN. 1957, 210; *Haben die Beyden Mahlmühlen dasselbst 1704 ertragen an Weitzen 14 frtl, Speltz 3 frtl, Moltzer 148 frtl* eb. 214. – **2)** „Korn" 1973 ENGEN. – Zu lat. *spelta*. – Vgl. *Dinkel, Fesen 2, Frucht 1b, Kern 1c, Korn 2c*. – DWb. 10/1, 2139; Fischer 5, 1511; Pfälz. 6, 253; Schweiz. 10, 227; Südhess. 5, 1160.

Spelz-bock m.: ‚letzte (Dinkel-)Garbe, die gedroschen wird' ETZENROT/E. H. MEYER 436. – Zum Grundw. vgl. → *I Bock 3*.

Spelze *šbeldsə* SCHWEIGHSN, WELSCHENSTEINACH, KATZENMOOS; Pl. wie Sg. – f.: ‚Hülsen, die beim Getreide die Körner einschließen' TRIBG/FLEIG 120, FISCHERB./KOHDE 9, SCHULZE 30. – Nach DWB. 10/1, 2142 wohl aus älterer fem. Form von *Spelz* abgeleitet. – Vgl. *Spreuer*. – Südhess. 5, 1160.

Spelzen-acker m.: FlN ZIEGELHSN, ehemals Wiese, Acker, inzwischen bebautes Gelände; 1535 *der Spelzenacker zum Ziegelhauß* BAD. FLURN. III 6, 61. – Pfälz. 6, 254; Südhess. 5, 1161.

Spelzen-blüher *šbeldsəbliə* ÖSTRGN. – m.: PflN ‚Flieder, Syringa'; *Miä hewwä waisä unn bloä Schbelzäbliä ämm Gaadä* DISCHINGER 184.

Spelzen-grieß *šbeldsəgrīs* OFTERSHM. – m.: **1)** ‚aus → *Spelz 1* gewonnene Grießsorte' FREI SCHBR. 153. – **2)** Übername für einen Eigenbrötler, eb. – Pfälz. 6, 254; Südhess. 5, 1161.

Spelzen-reiter *šbélsəraidə* HANDSCH.; *šbelsə-* HOCHSTET. (LINK.); *šbelsəridər* AU a. RH.; *šbeldsəredər* BIETIGHM. – m.: ‚grobes Sieb zum Trennen von → *Spelze* und Getreidekörnern' LENZ WB. 55, RITTLER 129; gröbstes Sieb von dreien, auch → *Ährsieb* genannt, neben → *Radensieb* und → *Staubsieb* WAGNER 186. – Zum Grundw. vgl. → *II Reiter*. – Pfälz. 6, 254; Südhess. 5, 1161.

Spelzen-sieb *šbeltsəsīb* O.WEIER (RAST.); *šbelsəsīb* MUGGENSTURM. – n.: ‚Sieb zur Reinigung von Getreide', zweite Stufe von grob zu fein, nach → *Ährsieb* O.WEIER (RAST.)/ZfdMu. 1916, 284; „fein" MUGGENSTURM. – Bestimmungsw. zu → *Spelz* bzw. → *Spelze*. – Pfälz. 6, 254.

Spelz-reiter m.: ‚engmaschiges Sieb', dass. wie → *Dinkelreiter* O.SCHEFFL., Ggs. → *Kohlreiter*. – Zum Grundw. vgl. → *II Reiter*. – Pfälz. 6, 254.

Spelz-zehnte m.: ‚Zehntabgabe aus dem Dinkelertrag'; 1704 *Auß der Mühl Zu W. seind diß Jahr eingangen 3 frtl an Speltz Zehenden* WILLSTÄTT/ORTEN. 1957, 214.

spendabel *šbendāwl* mancherorts Kraichgau; *šbendawl* JÖHLGN; *špendabəl* FELDBG. – Adj.: ‚großzügig, freigiebig' SCHWARZ 77, FELDBG/MARKGR. 1971, 149; *heit ischer awwer schbendaawl* HUMBURGER 174. – Zu → *spenden, spendieren*. – Vgl. *generös, liberal, spendid*. – DWb. 10/1, 2143; Fischer 5, 1512; Pfälz. 6, 255; Südhess. 5, 1161.

† **Spend-amt** n.: ‚Behörde, die die Almosenstiftung (→ *Spende 2b*) verwaltet'; 1674 *das Spennguth* (→ *Spendgut*), *so ich von dem Spend-Ambt zu Schaffhausen kheüfflichen an mich gezogen habe* E. SCHNEIDER BIET. 208. – Fischer 5, 1513 (*Spendenamt*); Pfälz. 6, 255; Schweiz. 1, 246.

Spendasche *šbendā́ši* O.SCHEFFL., mancherorts Bruhrain. – f.: ‚Geschenk' BRUHR. 157; *max mər ə šbendā́ši!* ‚schenke mir etwas!' ROEDDER VSPR. 531a. – Zu → *spenden* mit dem aus dem Franz. stammenden Ableitungssuf-

fix *-age* gebildet. – Vgl. *Dusör, Verehrung, Gabe 1b*, weitere Syn. s. u. → *Geschenk*. – DWb. 10/1, 2143; Fischer 5, 1512; Südhess. 5, 1162.

† **Spend-bäcker** m.: ‚für die Almosenstiftung (→ *Spende 2b*) tätiger Bäcker'; 16. Jh. *Der Spendbäcker Fertigung* ÜBERL. STADTR. 267. – Fischer 5, 1512.

† **Spend-brot** n.: ‚vom → *Spendpfleger* an Bedürftige verteiltes Brot'; 1553 *Die spendpfleger sollen ... drei grössinen spendbrott in den rath zu ersichtigen geben und bescheidt erwarten, welche grösse das gegenwärtig jar geben werden solle* ÜBERL. STADTR. 436. – Vgl. *Spende 2a*. – Fischer 5, 1512; Schweiz. 5, 985.

Spende *šbendə* EISENB.; *šben(d)* ÜBERLGN a. B.; Pl.: *šbendə* SCHUTTERWALD, BUCHENBG. – f.: **1)** ‚wohltätige Gabe' 1984 BUCHENBG; *dank unsrər šbendə* 1981 EISENB.; *šbendə fun fəšīdini firmə* 1972 SCHUTTERWALD; mu. eher selten. – † **2) a)** ‚Brot- oder Geldausteilung an Arme', teils auch die Gaben selbst; 16. Jh. *Und wann man die spend gibt, soll man dir* (dem → *Bettelvogt* oder → *Seelmeister*) *alweg für dich selbs 4 brott für sein lon geben* ÜBERL. STADTR. 229; 1553 *Die pfleger* (→ *Spendpfleger*) *sollen auch jeden tag insonder vor außgebung der spend die armen leut ernstlich und vleissig vermanen* eb. 436; 1573 *auch iemandts kain spenn one wissen ains raths zuo kaufen geben* VILL. STADTR. 142. – **b)** ‚Almosenkasse, -stiftung' X. STAIGER 9; 1560 *das er dieselben one der statt, spittal und der spend nachtail und schaden erhalten welle* ÜBERL. STADTR. 534; „1548 verkauft Georg Bregentzer ... *der Spend* seine erkaufte Erbgerechtigkeit der Mühle" J. P. SCHERER 149 (vgl. → *Spendmühle*). – Ahd. *spenta, spenda*, mhd. *spènde* ‚Geschenk, Gabe, Almosen (und deren Austeilung)', wohl entl. aus mlat. *spenda* (vgl. DWb. 10/1, 2143). – Weiteres → *Kindbetterin, Kratten 1, Mäucheleute, Quatember*; vgl. *Almosen, Geschenk*. – DWb. 10/1, 2143; Fischer 5, 1512; Pfälz. 6, 255; Schweiz. 10, 341.

spenden *šbendə* SCHÖNWALD; Part.: *gšbendət* BUCHENBG, SUNTHSN. – schw.: ‚etwas für einen wohltätigen Zweck schenken' 1984 BUCHENBG, SCHWER 31; *ųn gšbendət hat mr aux fil* 1976 SUNTHSN; mu. selten, dafür eher → *geben 1*. – Ahd. *spentōn, spendôn*, mhd. *spènden* ‚als Geschenk austeilen, Almosen geben', entl. aus lat. *expendere* oder ital./mlat. *spendere* (vgl. DWb. 10/1, 2148). – Weiteres → *sechsreifig*; vgl. *spendieren*. – DWb. 10/1, 2148; Fischer 5, 1513; Pfälz. 6, 255; Schweiz. 10, 353.

Spend-gut n.: FlN BIETGN (KONST.); 1577 *vf der Schönen Egärten zwüschen (...) Spennguth gelegen* E. SCHNEIDER BIET. 208. – Wohl ehemals Besitz einer → *Spende 2b*. – Weiteres → *Spendamt*. – Schweiz. 2, 552.

† **Spend-haus** n.: ‚Armenhaus bzw. Gebäude der → *Spende 2b*'; 16. Jh. *Ir* (der → *Spendknecht*) *sollen ... auch zuo jeder zeit daz spendhaus wol verwart beschlossen haben und niemandts andern ... hinein lassen* ÜBERL. STADTR. 267. – Vgl. *Seelhaus*. – DWb. 10/1, 2152; Fischer 5, 1513.

spendid *šbendíd* HANDSCH., O.SCHEFFL., RAPP.; *šbendíd* ETTHM; ohne Angaben zum Wortakzent: *šbendid* HEIDELBG, mancherorts Kraichgau; *šbendid* RHEINBISCH. – Adj.: ‚großzügig, freigiebig' LENZ WB. 66b, ROEDDER VSPR. 531a, MEIS. WB. 177a, HUMBURGER 174, SCHWARZ 77. – Zu → *splendid*, mit Beeinflussung durch → *spenden*. – Vgl. *spendabel, spendierig*. – Pfälz. 6, 255; Schweiz. 10, 715 (unter *spléndid*); Südhess. 5, 1162.

spendieren *šbendīrə* MANNHM, OFTERSHM, SANDHSN; *šbendīrn* HETTGN; *šbendīrnə* O.SCHEFFL.; *šbendīrə* SCHWETZGN, OFTERSHM, MÖRSCH; *šbendīrə* ÖSTRGN, PFORZHM (hier auch *šbẽndīərə*); *šbendīrə* RAPP.; *šbendīrə* O.-

weier (Rast.); *šbɛndi̥ərə* Rheinbisch., Kappelwi., Rust, Liggersd.; Part.: *šbɛndi̥rd* Hettgn; *šbɛndi̥vd, -e-* Schwetzgn, Östrgn, Rapp.; *gšbɛndi̥rd* O.scheffl.; *gšbɛ̃ndi̥ərd* Pforzhm; *šbɛndi̥ərd* Gütenb. – schw.: 1) ,schenken, ausgeben, spenden' Bräutigam So 126, Liébray 277, Lehr Kurpf. 115, Frei Schbr. 153, Meis. Wb. 177a, Burkart 254, 1895 Langenhart/Umfr., E. Dreher 22, O.weier (Rast.)/ZfdMu. 1916, 287, Feldbg/Markgr. 1971, 149; *Wass dää haid schunn schbendiäd hodd!* Dischinger 184; Ra.: *defiir häd er mer en Arfl Bruschdtee schbendiärd* ,dafür hat er mich in den Arm genommen' Strube Täik 18; *dem hawi ə phār gšbendi̥rd* ,dem habe ich ein paar Ohrfeigen gegeben' Roedder Vspr. 531a. – 2) ,zum Besten geben, foppen' O. Sexauer 127. 174. – Vgl. *verspendieren*; vgl. *laufen BII1c, schenken 1a, schmeißen 3, I schucken 2.* – DWb. 10/1, 2152; Els. 2, 544; Fischer 5, 1513; Pfälz. 6, 255; Schweiz. 10, 355; Südhess. 5, 1162.

Spendier-hose f.: in der Regel nur im Pl. in Ra. gebr.: *jem. hod die Schbendierhosse ā* ,ist heute freigiebig, in Geberlaune' Bräutigam So 126; *der hot heit soi Schbendierhouse āā* Humburger 174, ähnl. Lehr Kurpf. 115, Frei Schbr. 153, Hettgn; *Hodd-ä säi Schbendiähousā āā?* Dischinger 184; *hüdə hāni d' šbändi̥rhōsə ā* 1935 Schopfhm; negiert: *i hab heit mə šbendi̥rhōsə nət ā* Roedder Vspr. 531a. – DWb. 10/1, 2154; Fischer 5, 1513; Pfälz. 6, 255; Südhess. 5, 1162.

spendierig *šbɛndi̥rix* Zaisenhsn. – Adj.: dass. wie → *spendid*.

† **Spend-knecht** m.: ,Amtsdiener der Almosenstiftung (→ *Spende 2b*)'; 16. Jh. *Eid und Fertigung des Spendknechts* Überl. Stadtr. 266. – DRechtswb. 13, 883; Fischer 5, 1513.

† **Spend-korn** n.: ,einer → *Spende 2b* gehörendes Getreide', u. a. für das Backen von → *Spendbrot* vorgesehen; 1553 *do si spendkorn malen lassen und becken zů bachen bestellen söllen* Überl. Stadtr. 435. – Fischer 5, 1513; Pfälz. 6, 256; Schweiz. 3, 474.

† **Spend-kratte(n)** m.: ,Korb zur Aufnahme der → *Spende 2a* bzw. als Erkennungszeichen der Almosenempfänger'; 1553 *Item am nechsten tag nach dem neuen jar sollent die pfleger den gewachsnen armen leuten die spendkratten geben* Überl. Stadtr. 436. – Zum Grundw. vgl. → *Kratte(n) 1*. – DRechtswb. 13, 883; Fischer 5, 1513.

† **Spend-mühle** f.: ,im Besitz der Almosenstiftung befindliche (oder für diese das Korn mahlende) → *Mühle 1*'; seit eine Mühle in Überlingen a. B. im Jahr 1548 in den Besitz der „*Spend*" (→ *Spende 2b*) überging, wird sie *Spendmühle* genannt J. P. Scherer 149. – Fischer 5, 1513 (*Spendmüle*).

† **Spend-pflege** f.: ,Leitung/Verwaltung der Almosenstiftung (→ *Spende 2b*)'; 16. Jh. *Anno 1576 hat man mich der Spendtpfleg erlassen, damit ich dem Gericht desto bösser uswarten konde* Überl./Bod. 47, 230. – Zum Grundw. vgl. → *Pflege 1*. – DRechtswb. 13, 884; Fischer 5, 1513.

† **Spend-pfleger** m.: ,Verwalter/Aufseher der Almosenstiftung (→ *Spende 2b*)'; 1553 *Denselben (Bedürftigen) sollend die spendpfleger das allmůsen uf nachvolgend zeit geben* Überl. Stadtr. 436; *Die spendpfleger sollen auch dhainen herren noch stettleuten geben* eb. – Weiteres → *Spendbrot*. – Fischer 5, 1514; Schweiz. 5, 1237.

Spengel-berg m.: Hausn. Freib.; 1565 *zum Spengelberg* K. Schmidt Hausn. 128. – Urspr. FlN, laut eb. viell. zu mhd. *spengel* (eine Falkenart).

spengeln *šbɛŋlə* mancherorts Mittel- und SW-Baden; *šbɛŋlv* Hochstet. (Link.), Reute (Emm.); *šbɑŋlə* Münchw., N.rimsgn; *šbɑŋlv* O.rotweil; *šbɑŋlə* Wehr; Part.: *gšbɛŋəld* Appenw.; *gšbɛŋləd* Waldk. (Elzt.); *gšpɑŋgləd*

Wehr. – schw.: 1) a) ,Blech/Metall mit dem Hammer bearbeiten, Blechnerarbeiten ausführen' 1938 Waldk. (Elzt.), Emmendgn/ZfdMu. 1917, 160; vgl. *spenglern*. – allgemeiner: b) ,hämmern, schlagen' R. Baumann 84, Schwendemann Ort. 1, 24, 1932 O.münster-t.; vgl. *II dämmern*. – c) ,(lärmend) basteln, zusammennageln, -bauen' Moos (Bühl), R. Baumann 84, Burkart 149, Glashütte (Bühl), G. Maier 140, 1912 Etthm, 1913 Krozgn; vgl. *bästeln*. – d) ,flicken' Ruf 36. – 2) a) ,hämmernde/metallische Geräusche machen' 1980 Münchw., 1938 Waldk. (Elzt.), Noth 437; vgl. *herumpoltern*. – allgemeiner: b) ,Lärm/Radau machen' Schwendemann Ort. 1, 24, Reute (Emm.), 1913 Krozgn, Schäuble Wehr 138; vgl. *ketzern 2, krampolen, radauen*. – c) ,klappern' Teningen, auch vom Geräusch der Hagelkörner auf Dächern gesagt N.rimsgn. – 3) a) ,herumstrolchen, umherziehen', von Kindern gesagt, die durch die Straßen ziehen Wagner 186, Heberling 13, 1975 Neuburgw.; vgl. *schwanzen 2b*. – b) ,umherrennen' Ruf 36; vgl. *herumrasen*. – c) subst.: *šbɛŋlə* (n.) ,eine Art Straßenbummel', tw. Ersatz für die → *Vorsitz* gen. Zusammenkunft Ellmendgn. – Mhd. *spengeln* ,mit Spangen versehen/verbinden'. – Vgl. *herum-, zusammenspengeln*. – DWb. 10/1, 1879 (*spängeln*); Els. 2, 544; Fischer 5, 1514; Pfälz. 6, 256; Schweiz. 10, 362 (*späng(e)len*).

Spengelns *šbɛŋləs* Waldk. (Elzt.). – n.: ,Lärm, → *Radau*'; *deš imər ə šbɛŋləs!* 1938 eb. – Vgl. *I Krach 2a*.

Spengler *šbɛŋlər* Wessent., Hochhsn (Tauber), Handsch., O.scheffl.; *šbɛŋlv* Oftershm; *šbɛŋlr* Zaisenhsn Werthm, Hettgn, Ottersd., Schweighsn, U.precht., Waldk. (Elzt.), mancherorts um Freib. u. südl.; *šbɛŋlvr* O.weier (Rast.); *šbɑylr* Auenhm, Altenhm. – m.: 1) ,(ansässiger) Handwerker, der Blechner-, Installationsarbeiten ausführt' Platz 303, 1923 Wessent., Bräutigam So 126, Herwig-Schuhmacher 118, Lenz Wb. 23a. 66b, Frei Schbr. 153, Liébray 277, Roedder Vspr. 531, Humburger 174, Bruhr. 157, Meng 177, Schulze 29, Fleig 120, 1938 Waldk. (Elzt.), 1939 um Freib. u. südl., Rü. Hoffmann 74, Zaisenhsn/ZfdMu. 1907, 277, Ottersd./eb. 1914, 344, O.weier (Rast.)/eb. 1916, 287, Handsch./Bad. Heim. 1917, 78, Grauelsbaum/eb.; *də šbɛŋlər* („veraltet") 1968 U.precht.; *Mr hole de Schbängler* Braunstein Raa. 28. – 2) a) Spottname für Klempner/Flaschner Odenhm/Umfr., Ruf 36. - b) Übername für die Bewohner von Eschelbach; *Eschelbacher Spengler* 1894 Mühlhsn (Wiesl.)/Umfr. – c) FN Etthm (wo der Beruf → *Blechner* heißt). – 3) a) ,Bastler' R. Baumann 84. – b) ,(herumziehender) Kesselflicker, der Töpfe/Kessel repariert' Fohrer 109, Reute (Emm.). – c) verallgemeinert: ,wohnsitzlos Herumziehender, Vagabund' Meng 177, Reute (Emm.). – d) ,Gauner' O.weier (Rast.)/ZfdMu. 1916, 287. – 4) in der Wendung *den Spengler in den Augen haben*: *Lueg, sie haän der Spengler in den Auge* ,ihnen ist nicht zu trauen, weil es in ihren Augen glitzert' oder ,der Tod schaut ihnen aus den Augen / sie sind vom Tod gezeichnet' Markgr. 2/1993, 133, vgl. zu der Wendung auch DWb. 10/1, 2155 u. Schweiz. 10, 365. – 5) ,Raupe (Schädling) im Kraut' Rüsswihl/Mein Heimatl. 1937, 209. – Weiteres → *verbletzen*; vgl. *Matratzenspengler*; vgl. *Blechner, Flaschner, Lötkolben 1b, Sonnenschmied*. – Mhd. *speng(e)ler* ,Blechschmied'. – DWA IX, 2; DWb. 10/1, 2155; Els. 2, 544; Fischer 5, 1514; Pfälz. 6, 256; Schweiz. 10, 364 (*Spängler*); SDS V, 31; Südhess. 5, 1162.

Spengler-acker, -äcker m., Pl.: FlN Ettlgn, nach dem Besitzer oder Nutzungsberechtigten (PN oder Berufsbezeichnung) benanntes Ackerland; 1828 *auf der Ebene in den Spingler Acker* E. Schneider Ettl. 2, 185; 1853 *in den Spengleräcker* eb.

Spenglerin-acker m.: FlN Freib.; 1534 *2 J. ackers hiesen der Spenglerin acker* Bad. Flurn. I 3, 234.

spenglern *šbenglərn* Werthm. – schw.: ‚Blechnerarbeiten ausführen' Platz 303. – Zu → *Spengler 1.* – Vgl. *zusammenspenglern*; vgl. *spengeln 1a.* – Pfälz. 6, 256; Schweiz. 10, 366 (*spänglern*).

Spengler(s)-geselle m.: ‚Handwerker, der eine Lehre als → *Spengler 1* abgeschlossen hat'; *e junge Spenglerg'sell* Ganther Stechp. 21; *V um Spenglersg'sell isch auwwer nix z'sehne gsi* eb. 24.

Spenglers-halden *šbąnglrshaldə* Münchw. – f.: FlN eb.; 1626 *2 Jeüch Ackher und Reben in dem Geländ, "die Spenglershalden genannt"* Schwendemann Fl. 25; *in dr Spänglrshaldə* eb. Zwischen 1908 und 1930 befand sich dort eine Ziegelei, die das Lehmvorkommen nutzte eb. – Wohl nach dem Inhaber oder dessen Beruf benannt.

spennig ‚strittig' → *spännig.*

Spenn-weg → *Spännweg.*

Spenzer *šbensər* Werthm; *šbén(d)s(ə)r* Offenb. u. Umg., Ringshm, Reute (Emm.); Dim.: *šbensərlə* Werthm; *šbensrlə* Kappelwi. – m.: ‚kurze Jacke, Gehrock, Jäckchen (mit Schoß)' Platz 303, Ruf 36, G. Müller 36, Offenb. u. Umg./Ochs-Festschr. 260, 1919 Ringshm; *v kurzv Schbänzr hän die jungv Kärli azogv* Reute (Emm.); tw. genauer spezifiziert: ‚Festtagsjacke für Frauen (Tracht)' Braunstein N 1, 13, Bayer 64; ‚Trachtenkittel' 1932 Wolfach; im Dim. auch als Bezeichnung für zu kurz gewordene Jacken oder Mäntel Burkart 131. – Aus engl. *spencer* ‚kurzes Jäckchen', das auf den Grafen Spencer zurückgehen soll (vgl. Kluge 685). – Vgl. *Samtspenzer*; vgl. *Peter 2d, Gehrock, Schope(n) 1.* – DWb. 10/1, 2157; Fischer 5, 1515; Pfälz. 6, 257; Schweiz. 10, 389; Südhess. 5, 1162.

Sper-ache f.: FlN Ebrgn (Freib.); 1327 *an der sperachen* Roos 220. – Grundwort wohl zu → *A(a)ch.*

Sper-baum m.: FlN Freib. u. Umg./Bad. Flurn. I 3, 234; 1321 *ze dem Sperwebōme* Wendlgn, Uffhsn/Roos 220; 1327 *3 J. matten zem sperbōme* Adelh. Urb. 81; 1361 *am sperbom* Merzhsn/Roos 220; 1480 *dem man spricht der sperboum* Au (Freib.)/eb. – Zu mhd. *spërboum* ‚Eberesche, Vogelbeere'. – DWb. 10/1, 2158; Fischer 6/2, 3144; Pfälz. 6, 259.

I **Sperbel** *šbęrvl* Heidelbg. – f.: ‚Frucht der → *Mispel 1*' eb. – Vgl. *Sperberbaum.* – Fischer 5, 1515; Pfälz. 6, 259.

II **Sperbel** *šbérvəl* mancherorts Kinzigtal; *šbérbəl* Schopfhm. – m.: Tiern., dass. wie → *Sperber 1* Kilian 47, Glattes 34, St. Blasien/Mitteil. 1914, 330; Ra.: *augə wię šbérvəl* ‚sehr gutes Sehvermögen' Gengenb./Kilian 47. – Els. 2, 548.

Sperbel-baum m.: FlN, Walddistrikt Rinklgm; 1794 *Im Spitzen und Sperbelbaum* Bad. Flurn. I 5, 34. – Urspr. PflN für Sorbus domestica (vgl. → *Speierling*). – Vgl. *Sper-, Sperbirnbaum.*

Sperber *šbęrv(ə)r* Weinhm, Mannhm, Schrieshm, Hettgn, O.weier (Rast.), Münchw.; *šbérwvr* Eberb.; *šbęrwv* Handsch.; *šbęrwv* Oftershm; *šbęrwə* Spessart; *šbęərwr* Kappelwi.; *šbarwr* Auenhm, Altenhm; *šbęrbr* Reute (Emm.), Stockach; *šbąrbr* Zienken, Bellgn; *šbęrbər* Lörrach. – m.: 1) Tiern. ‚der Greifvogel Accipiter nisus' H. Schmitt[2] 85, Herwig-Schuhmann 118, 1949 Eberb., Frei Schbr. 152, Lauinger 34, Burkart 15. 85, Meng 104. 224, Schwendemann Ort. 3, 90, 1933 Bellgn, Volksk. Breisg. 62, Beck 166, Fuchs 23, Konst., O.weier (Rast.)/ZfdMu. 1916, 287; Ra.: *auxə häwə wi ə šbęrwər* ‚sehr gut und weit sehen können' Hettgn, ähnlich 1935 Durb.; *ǫ̈wə we ə šbąrwr* ‚sehr scharfe Augen' Fohrer 150. – 2) übertr. a) ‚schmächtiger Mensch' H. Schmitt[2] 85, Lenz Wb. 66b. – b) ‚dünnes, mageres, schmächtiges Kind' Herwig-Schuhmann 118, Bräutigam So 127, Frei Schbr. 152; *dés įs ə squan šbęrwər* 1952 Eberb. – 3) Hausn. Freib.; 1317 *zum Sperwer* K. Schmidt Hausn. 128; 1565 *zum Sperber* eb.; 1670 *zum blauen Sperber* eb. – Mhd. *sper-, sparwære.* – Weiteres → *Auge 1, rumpeln 1b, schnabellos*; vgl. *T(a)ube(n)-, Hennensperber, Gesperber*; vgl. *Querkenkel, Schußgeier, II Sperbel, Stößer.* – DWb. 10/1, 2158; Els. 2, 548; Fischer 5, 1515; Pfälz. 6, 261; Schweiz. 10, 495 (*Sperwer*); Südhess. 5, 1163.

Sperber-baum *šbęrwvbām* Heidelbg. – m.: PflN ‚Mispelbaum' eb. – Vgl. *Mispel 1, I Sperbel, Spirgel.* – DWb. 10/1, 2161; Fischer 5, 1516; Pfälz. 6, 260.

Sperbers-graben *šbęrwərsgrāwə* Münchw. – m.: FlN eb. Schwendemann Ort. 3, 90.

Sperbirn-baum m.: FlN Uffhsn, Wendlgn/Roos 220; 1456 *des spitals sper birboum* Freib./Bad. Flurn. I 3, 234. – Mhd. *spërbirnboum*, wohl umgedeutet aus *Sperber-, Spirberbaum* (vgl. DWb. 10/1, 2158).

Sper-brunnen m.: FlN Mengen, Schallst., Scherzgn; 1341 *ze sperbrunnen wider Schalstat* Roos 220.

Sperenzen, Speranzen *šberendsə* Mannhm, Sandhsn; *šberęndsə* Appenw.; *šbéręndsə* Gengenb.; *šberándsə* Ringshm; oft nur Dim.: *šberendsįə, šberendsli* Werthm; *šberends(ə)l* Mannhm, Sandhsn; *šberéndsįə* Heidelbg; *šbarendsə* Oftershm; *šberendslin* Oftershm, Sandhsn; *šberendslin* Östrghm; *šbirendsli* Altenhm; *šberandslə* Schutterwald, Gutmadgn; *šbéręndslə* Hofw., Feldbg; *šbęréndslə* Tribg; *šbiréndsli* Gremmelsb., Schonach; *špąrəndsļi* Wehr; *šperęndsli* Radolfz. – Pl.: 1) ‚Ausflüchte, Widerstände, Umschweife, Umstände' Frei Schbr. 153, Dischinger 183, Marx 50, Bayer 64, Braunstein 58, 1921 Ringshm, Schwendemann Ort. 1, 24, Schäuble Wehr 138, Ellenbast 67, Heidelbg/Bad. Heim. 1917, 92; verbr. in der Wendung *Schbärenzle machə* Fleig 119; *Schbirenzli machə* eb.; *mach kai Schberänze* G. Maier 140, ähnlich H. Schmitt[2] 119; *Mach kǫni Sperąnzli* Kramer Gutmadgn 279; *mach na koo(n) Schberenze!* Litterer 317; *Mach doch kä Schberendse* Bräutigam So 127; *mach mer du nit au Sperenze* Jung Brägel 46; *Spiränzli, Fisimatänzli mache* Feldbg/Markgr. 1971, 149; *mąx mər kaini šbąrendsə węgə dęnə bąr gnębf dį įdər gē sol* ‚mach kein Aufsehens wegen der paar Knöpfe, die ich dir geben soll' 1932 Gengenb.; *hȫrmər bloos uf mid danə Schberendsli!* Platz 303, ähnlich Lehr Kurpf.[2] 142. – 2) ‚Dummheiten, Scherze, Faxen' Platz 303, Marx 50, Schmider KK 91, Ellenbast 67; „faule Witze" Lehr Kurpf.[2] 141; *Sparanze* Werb.; *mach kchąini Spąrąnzli* Schäuble Wehr 138; *Mach-mä kååi Schbärenzlinn* Dischinger 183; *loß doch dei Schbarrändslä sei* Frei Schbr. 153. – Laut DWb. 10/1, 2157 wohl zu it. *speranza.* – Vgl. *Fisimatenten, Mätzle 1. 2, Sparafanzen, Stämperamente.* – DWb. 10/1, 2157 (*Sperenzien*); Els. 2, 546 (*Speranzien*); Fischer 5, 1517 (*Sperranzien*); Pfälz. 6, 258; Schweiz. 10, 447; Südhess. 5, 1164.

Sperenzen-macher m.: ‚sich närrisch gebärdender Mensch, Possenreißer'; *Sperenzemacher* Lehr Kurpf.[2] 141. – Vgl. *Faxenmacher, Sparafantel 1.* – Pfälz. 6, 258.

Spergel m.: PflN ‚Acker-Spark, Spergula arvensis';

Schbergl REUTE (EMM.). − DWb. 10/1, 2163; Fischer 5, 1516; H. Marzell Wb. 4, 440.

Sperhöw n./m.?: Hausn. FREIB. (Neuburg); 1564 *zum Sperhöw* K. SCHMIDT HAUSN. 128. − Etym./Bed. unklar.

Sperk m.: Tiern. ‚Sperling, Passer domesticus, Passer montanus' WIBEL MU. III, 19. − Mhd. *sperc* ‚Sperling'. − Vgl. *Spatz 1a*. − DWb. 10/1, 2163; Fischer 5, 1516; SUF VI, 48.

Sperkele → *Ferkel*.

Sperling m.: dass. wie → *Spatz 1a, Sperk*, mu. nicht verbr.; ein Gedicht von HEBEL heißt *Der Sperling am Fenster*. − Mhd. *sperlinc*. − DWb. 10/1, 2163; Fischer 5, 1517; Pfälz. 6, 261; Schweiz. 10, 412 (unter *Spar II*); Südhess. 5, 1164; SUF VI, 48.

Spermunkis → *Sparmundi*.

Sperr-abend *šberôwə* DURB. − m.: dass. wie → *Sperrnacht*, zwei Tage vor Weihnachten KAPPELRODECK/E. H. MEYER 179; es werden Schnüre über die Straße gespannt, um achtlose Fußgänger zu Fall zu bringen, und auch sonst wird allerhand Unfug getrieben 1935 DURB.

sperr-angel-weit *šberaŋəlwaid* WERTHM., O.SCHEFFL., HETTGN, MANNHM, SANDHSN, HEIDELBG, OFTERSHM; *-wid, -t* APPENW., MÜNCHW.; *špēraŋlwīt* MÖHRGN, RADOLFZ. − Adj.: ‚sehr weit', von geöffneten Türen und Fenstern sowie Mund und Augen gesagt BRÄUTIGAM So 126, LEHR KURPF.² 142, LIÉBRAY 277, G. MAIER 140, SCHWENDEMANN ORT. 1, 179, KIRNER 91, ELLENBAST 67; *di Dea schdeed schbääanglweid uff* FREI SCHBR. 152, ähnl. ROEDDER VSPR. 531, DISCHINGER 183; *un dure ans Fenster, do hebt en nüt, sell rißt en uf - sperangelewitt* JUNG BRÄGEL 63; *do rißt 'r d'Auge nuf, sperrang'lwitt* GANTHER STECHP. 82; *der raisdochs Maul šberangelwaid uf!*, von einem Angeber PLATZ 303. − Weiteres → *II Lälle 2a*; Syn. *sperr(en)-, sperrhakenangel-, sperrwagen-, wagenweit*. − Zum 2. Wortglied vgl. *Angel 3*. − DWb. 10/1, 2169; Els. 2, 883; Fischer 5, 1517; Pfälz. 6, 262; Schweiz. 16, 2300; Südhess. 5, 1164.

Sperr-balken m.: ‚Teil der → *Sperre 1d* beim Floß', etwa 3 m lang, mit einem Durchmesser von 30 bis 40 cm FWB. FLÖSSEREI 86; JÄGERSCHM. HOLZTRANSP. 2, 384. − Vgl. *Sperrstümmel*. − Fischer 5, 1517; Pfälz. 6, 262.

Sperr-bengel *šberbeŋ(ə)l* STEINB. (BÜHL), ELZACH. − m.: **1)** ‚Balken, mit dem der Bauernwagen durch Einschieben in die Radspeichen gebremst wird' SEEB. (ACHERN), STEINB. (BÜHL)/ZFHDMU. 2, 327, 1894 SCHLUTTENB./UMFR., P. WAIBEL 162. − **2)** ‚Riegel (an der Tür)' ELZACH/SSA-AUFN. 434/2. − Vgl. *Sperre*. − Schweiz. 4, 1373.

Sperre *šber, -e-* O.SCHEFFL., SASBACHRD, LAUF; um ERBERSBRONN neben *šberi, -e-*, letzteres verbr. an Acher und Rench um KAPPELRODECK und O.KIRCH, SCHUTTERN, KIPPENHM, SCHILTACH, O.BERGEN, REUTE (EMM.), WALTERSHFN, GUTMADGN; *šbere* GRIESB. (FREUDENST.), KNIEBIS; *šbērə, šp-* MÖHRGN, BONND. (ÜBERLGN), KONST. − f.: **1) a)** ‚Bremsvorrichtung am Bauernwagen' verbr. nördl. Schwarzwald um ERBERSBRONN und an Acher und Rench/BAUR Kt. 125, in KNIEBIS neben häufigerem → *II Bremse* KILIAN 57, SCHUTTERN, O.BERGEN, WALTERSHFN/KLAUSMANN Kt. 125 (neben → *Mechanik*), BONND. (ÜBERLGN); ‚zum Drehen' LAUF/ACHERBOTE 17. Juni 1922; ‚vordere Wagenbremse' GAISB./ZFDMU. 1918, 148. − **b)** ‚Radschuh zum Bremsen'; *šber ạileixə* ‚den Radschuh einlegen' ROEDDER VSPR. 531. − **c)** ‚Differentialsperre (am Traktor)'; *d Speri ini dəə* KRAMER GUTMADGN 278. − **d)** ‚Bremsvorrichtung an einem Floß im hinteren Teil' SCHILTACH, FWB. FLÖSSEREI 86; um den schnellen Gang des Floßes zu mindern, ist es (neben dem → *Wedel*) angebracht „eine noch kräftigere wirkende Vorrichtung durch Anlegung einer Maschine, welche die *Sperre* genannt wird, zu treffen" JÄGERSCHM. HOLZTRANSP. 2, 382. − **2)** ‚Schranke, Vorrichtung zum Absperren' REUTE (EMM.), JOOS 77; ‚Sperrvorrichtung am Bahnhof ' KIRNER 91. − **3)** FlN KIPPENHM; 1807 *In der Sperre* W. KLEIBER KIPP. 94. − Mhd. *sperre*. − Vgl. *Tal-, Heu-, Leier-, Lun-, Maien-, Maulsperre*; Syn. zu Bed. 1a unter *II Bremse, I Micke*; zu Bed. 1b *Sperrhund*. − DWb. 10/1, 2170; Fischer 5, 1517; Pfälz. 6, 262; Schweiz. 10, 422; SDS VII, 90-91; SSA IV/5.18; Südhess. 5, 1164.

sperren *šberə, -e-* O.SCHEFFL., HANDSCH., OFTERSHM, ÖSTRGN, RAPP., ELSENZ, ROHRB. (EPP.), verbr. Ufgau, nördl. und mittl. Schwarzwald, Ortenau, Kaiserstuhl, Breisgau bis HEITERSHM; *šbeⁿn* BERMERSB. (RAST.); *šbirə, -i-* um SCHAPB.; *špirə, -i-* REICHENB. (HORNBG), ENGELSWIES, URACH, vereinz. um BREITNAU; *špera, -e-* WYHL, ENDGN, verbr. Hochschwarzwald von LANGENSCH. bis ALTGLASHÜTTEN, vereinz. Dreisamtal, SCHWENNGN, SCHOPFHM, vereinz. entlang des Hochrheins von SÄCKGN bis TIENGEN (WALDSH.), TENGEN, RANDEGG, GAILGN, FRIEDGN, BOHLGN, ÖHNGN, KONST., SALEM; *šbera, -ē-* vereinz. südl. Breisgau, verbr. Markgräflerland; *špera* verbr. südl. Schwarzwald, INZLGN, HERTEN, Hotzenwald, Klettgau, Baar, Hegau, Höri, Bodanrück, Linzgau; *špēara, -ea-* ESCHB. (FREIB.), O.SIMONSWALD, vereinz. um VILLGN, MÜHLGN, STOCKACH, RADOLFZ., MARKELFGN, vereinz. Linzgau; *šbirə, špirv* nördl. der Donau um HAUSEN I. T.; *špira* ROTZGN; Part. *gšberd* O.SCHEFFL.; *gšbevt* RAPP. − schw.: **1) a)** ‚abriegeln, einschließen' LENZ WB. 66, FREI SCHBR. 153, DISCHINGER 183, LIÉBRAY 277, SCHRAMBKE 113, SCHWENDEMANN ORT. 3, 90, BRUNNER 66. 167, DIERBERGER SASB. 338, SCHWER 27, WAHR 17, BECK 164. 191, KRAMER GUTMADGN 278, W. SCHREIBER 16, E. DREHER 13. 61, KIRNER 91, O.SCHOPFHM/ZFHDMU. 1, 316; O.WEIER (RAST.)/ZFD MU. 1916, 287; *zuer Stroof ins Hüüsli gspeert* HEBEL 8, 26. − **b)** ‚bremsen, hemmen', vom Bauernwagen ROEDDER VSPR. 531, LIÉBRAY 277, MEIS. WB. 177, FITTERER 241, SCHUTTERN, TIENGEN (FREIB.), BONND. (ÜBERLGN), W. SCHREIBER 16; „mit der Sperrkette" ALEM. 25, 250, SUNTHSN; „durch einen Radschuh" O.WEIER (RAST.)/ZFDMU. 1916, 287; *rauh sperren* ‚mit blockiertem Rad fahren, so dass die Straße beschädigt wird' BADEN-B./eb. 1917, 287; ähnl. *rū šbärä* ETTHM; 1839 „die Fuhrwerke müssen Radschuhe benutzen, sie werden angewiesen *nie rau zu sperren*" ACHERN; *t hêndə(r)räd špērə* KIRNER 91; Ra. (einem Fortschrittsgegner in den Mund gelegt): *Do hot meī Vadder gschberrt unn do schberr i ā, unn wanns Buckel nuff geht* Elsenztal/ALEM. 25, 250; Syn. vgl. *bremsen 1*. − **c)** ‚ein Floß mit einer → *Sperre 1d* bremsen', wenn die vorderen Gestöre (vgl. → *Gestör*) „auf das Trockene" kamen HANSJAK.-JB. 2, 142; Zuruf an den → *Sperrflößer*: *jógələ šbēr* PFORZHM, wohl oft auch als Neckruf verwendet, wenn ein Floß vorbeifuhr eb. − **2)** refl. ‚Widerstand leisten, sich sträuben' BRUHR. 157, KIRNER 91, O.WEIER (RAST.)/ZFDMU. 1916, 287; 1525 *dena, so sich speren und widren brüderlicher feraining inzügen* HUG VILL. CHR. 118; *dr schbärrt si* REUTE (EMM.); *si šbērə* FUCHS 63; *dō šberi mū nēd lay* ROEDDER VSPR. 531; *Speer Di nit, Förchtibutz* BURTE MAD. 278; *Schbärr-di nedd dägeejä* DISCHINGER 183; *es (die Braut) het si au gar nit g'spert* G. UEHLIN FÖH. 69; Ra.: *r schbərrt sich wiè è Krott uf dr Hächl* G. MAIER 140, vgl. *Hechel 1*. − **3) a)** ‚auseinanderklaffen, spreizen'; die Beine *šberə*

ROEDDER VSPR. 531, vgl. *Feiertag 2.* – **b)** ‚gähnen'; *Bisch miid, wail dauänd schbäsch?* DISCHINGER 183. – Mhd. *sperren* ‚mit Sparren versehen, ein-, zu-, verschließen, verhindern, spreizen, widersetzen'. – Weiteres → *Arsch 1, Bockshorn 2, innehaben, II Lälle 2a, Kammer 1, lassen B2b, Randen, rauh 4, Rollhafen 1c*; vgl. *ab-, auf-, ein-, ver-, untersperren; Gesperr.* – DWb. 10/1, 2172; Els. 2, 545; Fischer 5, 1518; Pfälz. 6, 262; Schweiz. 10, 423; Südhess. 5, 1165.

sperr(en)-weit *šberəwaid* HEIDELBG.; *šbērwīt* STOCKACH. – Adj.: dass. wie → *sperrangelweit*; *d Dir šdōt šbērwīt offə* FUCHS 63. 77e. – Els. 2, 883; Fischer 5, 1520; Pfälz. 6, 263; Schweiz. 16, 2301; Südhess. 5, 1165.

Sperre-wäldele n.: FlN, kleines Waldstück, südl. von Kippenheimweiler KIPPENH/W. KLEIBER KIPP. 95. – Der Name soll durch die zeitweise Unzugänglichkeit für die Allgemeinheit motiviert sein, vgl. eb.

Sperr-flößer m.: ,der Flößer, der die → *Sperre 1d* betätigt'; *die Sperrflößer, welche die schweren Sperrklötze bedienten, erhielten einen Gulden Zulage als Sperrgeld* HANSJAK. WALDL. 193. – Vgl. *Sperrmann.*

Sperr-fuß m.: bildl. für ‚Widerstand, Hindernis', nur in der Wend. *Schberfiès mache* ‚sich dagegen stemmen' SCHONACH/FLEIG N. 15. – Schweiz. 1, 1049.

Sperr-geld n.: ‚zusätzliche Bezahlung für den → *Sperrflößer*' HANSJAK. WALDL. 193, FWB. FLÖSSEREI 87.

Sperr-gestör n.: ,der Teil des Floßes, auf dem sich die → *Sperre 1d* befindet' FWB. FLÖSSEREI 87; es „ist entweder zunächst vor dem → *Wedel*, oder das zweit hinterste Nro. 8" JÄGERSCHM. HOLZTRANSP. 2, 383. – Zum Grundwort vgl. → *Gestör.*

Sperr-glötzle Pl.: ‚Augen', (die aufgesperrt werden?); *Sperrkletzli* 1935 DURB. – Zur Etym. s. → *Glötzle.*

Sperr-haken *šbevhōgə* HEIDELBG. – m.: ‚Nachschlüssel, Dietrich' LENZ WB. 17; *do isch d'r G'sell mit eme ganze G'ringl kleine Sperrhoke kumme* GANTHER STECHP. 88. – Vgl. *Sperrzeug.* – DWb. 10/1, 2185; Fischer 5, 1519; Pfälz. 6, 263.

sperrhaken-angel-weit Adj.: ‚weit auseinander gezogen, breit gesperrt'; *Dann in dem Telegramm, do schteht / Sperrhaageangelweit, / „Uns ist heut ein Kind geboren …"* ROMEO HYPOCH. 12. – Vgl. *sperrangelweit.*

sperr-hämmig Adj.: ‚bockig, widerspenstig' TRAUTWEIN 3. – Grundwort wie bei → *bärhämmig* zu → *Hamme 1* ‚Schenkel'. – DWb. 10/1, 2186; Els. 1, 334; Schweiz. 2, 1271.

Sperr-heid *šbevhāid* RAPP. – f.: FlN eb. MEIS. VK. 6, MEIS. WB. 176.

Sperr-holz *šbervhol(d)s* O.SCHEFFL., AUENHM., REUTE (EMM.); *-houlds* OFTERSHM.; Dim.: *-heldsli* O.SCHEFFL.; *šbərhölsli* HETTGN.; *šbevheldslə* RAPP.; *-heldsl* MÖRSCH. – n.: **1)** dass. wie → *Sperrscheit* MENG 246. – **2) a)** ‚Bremse am Bauernwagen' ROEDDER VSPR. 531; Bestimmungswort zu → *sperren 1b.* – **b)** ‚Teil der → *Sperre 1d* beim Floß' JÄGERSCHM. HOLZTRANSP. 2, 385; vgl. *Sperrstümmel.* – **3)** nur Dim., meist Pl. ‚(fiktive) Stäbchen, die die Augen aufhalten sollen', meist zu Kindern gesagt ROEDDER VSPR. 531, MEIS. WB. 176b, HETTGN; *Hoscht Schloof? Mach dr Schberrhölzli nei(n) d' Aache* (= in die Augen) MUDAU. – **4)** ‚Platte aus kreuzweise verleimten dünnen Holzschichten', aus der Schreinerspr., seit Anf. 20. Jh. LIÉBRAY 277, ETTHM., FREIB. u. ö.; „im Hinblick auf besonders feines Holztäfer" KATZENSTEIG. – DWb. 10/1, 2186; Els. 1, 332; Fischer 5, 1519; Pfälz. 6, 263; Südhess. 5, 1165.

Sperr-hund *šbérhund*, *-e* MÜNCHW., HOFSTET., SCHWEIGHSN, BLEIB. – m.: ‚Rad-, Bremsschuh aus Holz oder Eisen (am Bauernwagen)' Offenburger Gegend/OCHS-FESTSCHR. 264, MEIER WB. 123, 1895 WEISS 125, in ETTHM. später (1910, 1935) aber nicht mehr bekannt; „an einer Kette hängend kommt er unter das Hinterrad zu liegen und sperrt es auf diese Art" SCHWENDEMANN ORT. 1, 106. – Zum Grundwort vgl. → *Hund 3b.* – Vgl. *Hemm-, Rad-, Rem-, Sperrschuh, Sperre 1b, Schleif-, Sperrtrog.* – Schweiz. 10, 441.

sperrig *šberig* TODTM., LÖRRACH, SCHOPFHM. – Adj.: **1)** ‚ausladend, Raum einnehmend' VORTISCH 18b. – **2)** ‚steif in den Gliedern', von Lebewesen TODTM./ZIMMERM. HS. 286; Bezeichnung für die noch schwachen Beine eines Kalbes SCHOPFHM. – Vgl. *gesperrig.* – DWb. 10/1, 2187; Fischer 5, 1519; Schweiz. 10, 442; Südhess. 5, 1165.

Sperr-kette *šbekhedə* MÖNCHZ., ROHRB. (EPP.); *šbérked* SCHLUTTENB., MAHLBG, MÜNCHW.; *-kedəm* BROGGINGEN; *šberᵇedəm* SCHENKENZ.; *šbērkedəmə* SUNTHSN; *šbērkhetəm* MÖHRGN. – f.: ‚Kette zum Bremsen des Bauernwagens (oder Schlittens)' 1895 SCHLUTTENB./UMFR. P. WAIBEL 161f., REICHERT 23, Elsenztal/ALEM. 25, 250; an der → *Langwiede* oder dem → *Leiterbaum* angebracht und bei Bedarf um die Radfelge gelegt SCHWENDEMANN ORT. 1, 106, KIRNER 91. – Vgl. *Kretz-, Micke-, Remkette.* – DWb. 10/1, 2188; Fischer 5, 1520; Pfälz. 6, 263; Südhess. 5, 1166.

Sperr-klotz m.: ‚Teil der → *Sperre 1d* beim Floß' HANSJAK. WALDL. 193. – Weiteres → *Sperrflößer.*

Sperr-kopf m.: ‚Brummschädel, schmerzender Kopf', infolge übermäßigen Alkoholkonsums FREIB./ALBRECHT HS., ZIMMERM. HS. 286, O.SCHOPFHM/ZIMMERM. VHK. 22. 43. – Bestimmungswort zu → *sperren 1b.*

Sperr-leuchse *šbērlöisə* WYHLEN; *šbēlöisə* NOLLGN. – f.: ‚Stützleiste zwischen oberem → *Leiterbaum* und Ende der Radachse am Bauernwagen' BEYER HS. – Zum Grundwort s. → *Leuchse(l).* – Vgl. *Lunsperre.*

Sperrlinge Pl.: ‚Geistliche, die 1874 ins Gefängnis kamen, weil sie gegen den Willen des Ministers [Julius] Jolly priesterliche Funktionen verrichteten', kath. Pfarrersprache, Fest-Blatt zur Jubiläumsfeier des Realgymnasiums Ettenheim v. 28. Juni 1926, S. 8. – Zu → *sperren 1a* oder *2.*

Sperr-mann m.: dass. wie → *Sperrflößer*; er muss „mit den Eigenthümlichkeiten der Floßstraße … genau bekannt sein" JÄGERSCHM. HOLZTRANSP. 2, 386. 400. – Fischer 5, 1520.

Sperr-michel m.: dass. wie → *Sperrflößer*, scherzh. PFORZHM.

Sperr-nacht *šbernäxt* HALBERSTUNG, RHEINBISCH., APPENW. – f.: ‚bestimmte Nacht in der Woche vor Weihnachten, in der man sich zum letzten Mal in der Spinnstube (oder im Wirtshaus) traf und feierte', am zweitletzten Abend vor Weihnachten, Wintersonnenwende 1895 O.WEIER (RAST.)/UMFR., G. MAIER 140; die letzte Nacht vor Weihnachten (RHEINBISCH.), in der die Burschen in der Wirtschaft ein Essen abhielten HALBERSTUNG; Abend des letzten Donnerstags vor Weihnachten, an dem sich das Geschehen von der Spinnstube in die Wirtschaft verlagerte, wozu die Burschen „ungeniert kommen" konnten, dabei getanzt und Spiele gemacht wurden 1895 ICHENHM/UMFR. – Der Name rührt nach Els. 1, 756 daher, dass die Spinnräder für die Zeit zwischen Weihnachten und Neujahr gesperrt wurden. – Weiteres → *Andreasnacht, Docke 7, Knöpflenacht, Schulterblatt 2*; vgl. *Durchspinnnacht 1.* – DWb. 10/1, 2190; Pfälz. 6, 263.

Sperr-scheit *šbeřšit*, *-e* RHEINBISCH., WAGSH., MÖSB., AUENHM, DURB., WILLARGN; *šbēršit* WYHLEN, NOLLGN.

– n.: ‚Holzstück mit eisernen Endösen, das die Wagenleitern am Bauernwagen vorne und hinten zusammenhält' MENG 246, BEYER HS., FOHRER 174, 1895 WILLARGN/UMFR. – Syn. vgl. *Spannscheit 1*. – DWb. 10/1, 2191; Els. 2, 444; Pfälz. 6, 264; Schweiz. 8, 1519; Südhess. 5, 1166.

Sperr-schuh *šbéršųǫ* BOTTGN. – m.: dass. wie → *Sperrhund* SCHULZE 106. – DWb. 10/1, 2191; Pfälz. 6, 264; Schweiz. 8, 485; Südhess. 5, 1166.

Sperr-seil n.: ‚Tau, mit dem das Floß gebremst wird', Flößerspr. Kinzigtal/MEIN HEIMATL. 1926, 112; *Flink springt einer der Floßknechte an das Ufer, schlingt das Sperrseil um einen Baum und hält die Last an* eb. 113.

Sperr-stempfel m.: dass. wie → *Sperrbalken* FWB. FLÖSSEREI 87. – Weiteres → *einschlagen 2a*.

Sperr-stickel *šbęršdįgl* GRAUELSBAUM. – m.: ‚Stütze des vorderen Befestigungsstabes an der Reuse', zur Stabilisierung der Reusenlage, Fischerspr. FLUCK 282; *dęr grįǝd ǝ šbęršdįgl dǫmidǝr rīwi blī^ud* (= ruhig bleibt) eb. – Zum Grundwort vgl. → *Stickel*.

Sperr-stock m.: FlN; Pass zwischen Schweighausen und Ettenheimmünster ETTHM. – E. OCHS HS. vermutet als Grundbedeutung entweder ‚Barriere' (ein Balken hinderte die Durchfahrt zur jähen alten Streitbergstrecke) oder ‚Baumstamm, von dem an der Fuhrmann sperren (= bremsen) muss'. – DWb. 10/1, 2191 (*andere Bed.*).

Sperr-strick *šbaršdrįg* O.BERGEN; *šbèršṭrik* SUNTHSN, GUTMADGN; *šbèršdrikx* BLUMBG. – m.: 1) dass. wie → *Sperrkette* ST. BLASIEN/FREIB. ZEIT. v. 4. 10. 1919; an der → *Langwiede* angebracht und durch die Speichen des Hinterrades geschlungen, um es auf abschüssigem Weg zu blockieren KRAMER GUTMADGN 279. – 2) ‚Bremsbalken am Bauernwagen' O.BERGEN/SSA-AUFN. 126/1. – DWb. 10/1, 2191; Els. 2, 629; Fischer 5, 1520; Schweiz. 11, 2190.

Sperr-stümmel m.: ‚Teil der → *Sperre 1d*, mit dem die Fahrtgeschwindigkeit eines Floßes gebremst wird' FWB. FLÖSSEREI 87; *In diesen [durch → Sperrbalken gebildeten] Raum ... kommt der Sperrstimmel, das Sperrholz ... zu liegen* JÄGERSCHM. HOLZTRANSP. 2, 385.

Sperr-trog *šbęrdrǫg* DURB.; *šbęrdregl* O.WEIER (RAST.). – m.: ‚Bremsvorrichtung am Wagen, → *Hemmschuh*' 1894 SCHLUTTENB./UMFR., P. WAIBEL 162, DURB.; *šbęrdregl* wird in O.WEIER (RAST.) laut ZFDMU. 1916, 287 nicht als Dim. verstanden. – Vgl. *Sperrhund*. – Fischer 5, 1519.

sperr-wagen-weit *šbærwaxǝwaid* HETTGN; *šbęwǭgǝwaid* RAPP.; *šbęrǝwǟrǝwaid* HEIDELBG; *šberwǭgǝwid, -ę-* O.WEIER (RAST.), APPENW., MÜNCHW., TRIBG, LÖRRACH; *šbèrwǭgǝwìt* REUTE (EMM.). – Adj.: dass. wie → *sperrangelweit* O.WEIER (RAST.)/ZFDMU. 1916, 343; *schberwáagèwid uff* G. MAIER 140, ähnl. FLEIG 120, TRAUTWEIN 3; *šbęwaagǝwaid ufšdē*, von Türen MEIS. WB. 176b. – Komposition (und damit Verstärkung) von → *sperr(en)*- und → *wagenweit*. – DWb. 10/1, 2192; Fischer 5, 1520; Schweiz. 16, 2301 (unter *wagenwit*); Südhess. 5, 1166.

Sperr-zeilete *šbęrdsīld* ZELL-WEIERB. – f.: ‚kürzere Rebzeile entgegen der Zeilenhauptrichtung', Winzerspr. KREUTZ 88. – Vgl. *Spitzzeilete*.

Sperr-zeug *šbęvdsaig* HANDSCH. – n.: ‚Geräte des Schlossers zum Öffnen von Schlössern ohne Schlüssel', etwa 60 → *Sperrhaken* zusammen bilden das *S.* LENZ WB. 17; *'r möcht si G'sell hole un seller möcht e Wisch klei Sperrzügs mitbringe* GANTHER STECHP. 88. – DWb. 10/1, 2193.

Sperwe(n)-acker m.: FlN WOLFENWLR; 1371 *zwo iuch h der Sperwe acker und ein iuch ennant dem Sperwen acker* ROOS 252. – Zu mhd. *sparwe, sperwe* ‚Sperling'.

Spesen Pl.: ‚Unkosten'; *Schbêsv* REUTE (EMM.). – In der Mu. selten, dafür → *Auslage 1, Unkosten*. – DWb. 10/1, 2194.

Spessart 1) ON: Dorf im Ufgau, heute Stadtteil von ETTLGN; *šbäsrd* KARLSR./DIEMER ON 60; 1265 *Spehtezhard* eb.; Neckname der Bewohner → *Eber 1b*. – 2) m.: FlN RAPP.; *šbęsvd* MEIS. WB. 177. – Von *Spechteshard* ‚Spechtswald', vgl. *Hard 3*. – Krieger 2, 1031.

Spette f.: FlN, zur Gemarkung Bohrer (Schauinsland) gehörig; 1698 *auf der Spette* FREIB./BAD. FLURN. I 3, 235. – Zu einem FN *Spät*.

Spettel *šbedl* AY, TODTM.; *šbetl* SCHWERZEN; *špet(ǝ)l* EWATTGN, BERNAU, FÜTZEN, FRÖHND, ESCHB. (WALDSH.), WALDSH., WORBLGN; *šbędl* KLEINLAUFENBURG, HOCHSAL; *špe'tl* LOTTSTET.; *špertl* DANGSTET. – m., n. (TODTM.): 1) ‚Leitersprosse' verbr. Hotzenwald W. ROTHMUND 10, BERNAU/ZFDMU. 1917, 161. – 2) ‚Sprosse an der Leiter des Bauernwagens' EWATTGN, BERNAU, STÜHLGN, EGGINGEN, O.WIHL, SCHWERZEN, LOTTSTET., DANGSTET./SSA-AUFN. 124, 2. – 3) ‚Lattenstück, Brett' TODTM. – 4) ‚Haselrute im Fachwerkbau' WORBLGN. – 5) ‚oben zugespitzte Latte am Zaun' EWATTGN, BERNAU, FÜTZEN, WALDSH./SSA IV/4.07, DILLEND. – Nach SCHWEIZ. 10, 599 zu einem bei uns nicht belegten *Spatt* (‚Langwiede'), wie *Stengel* zu *Stange*. – Vgl. *Barn-, Garten-, Leiterspettel*. – SDS VI, 176.

spetten nur in → *einspetten*.

Spett-horn n.: Hausn. FREIB.; 1565 *zum Spetthorn* K. SCHMIDT HAUSN. 128. – Bedeutung unklar.

Spett-knecht „*Spötknecht*" WILLSTÄTT. – m.: ‚Ersatzmann, 13. Mitglied der Willstätter Flößerzunft' BEINERT 287. – Bestimmungswort zu bei uns nicht belegtem *spetten* ‚helfen, unterstützen', dessen Stammform nach SCHWEIZ. 10, 600 aus dem Subst. *Spetter* (< it. *speditore* ‚Versender') erschlossen wurde. – DWb. 10/1, 2195; Fischer 5, 1520; Pfälz. 6, 264; Schweiz. 3, 730.

Spett-magd f.: ‚Dienstbotin zur Aushilfe und für Botengänge' FREIB.; Dim.: *šbedmęgdį* ‚Schulmädchen, das zu kleiner Mithilfe im Haushalt, bes. zum Einkaufen eingestellt ist' 1938 WALDK. (ELZT.). – Zum Bestimmungswort vgl. die Angaben bei → *Spettknecht*. – Schweiz. 10, 601.

Spett-platz m.: ‚Stelle einer → *Spettmagd*' 1940 HERDERN; *s Elīs het ä Spetplatz in der Stadt* eb.

Spetzgart *špęǝtskǝt* SIPPLGN. – Hausn.: Name eines Schlosses bei ÜBERLGN A. B., das im 13. Jh. erstmals erwähnt wurde, gehört heute zur Internatsschule → *Salem*; 1223 *Spehshart* KRIEGER 2, 1031; 1536 *Spechtshart* eb.; 1859 *früher Spechtek, dann Spechzart und jetzt Spezgard genannt, ein heiteres, helles Schlößchen mit Maierei* X. STAIGER 85. – Gleiche Etym. wie → *Spessart*.

Speuz(e), Speuzel → *Spauz/Späuz, Späuze, Späuzel*.
speuzen → *spauzen, späuzen*.
Speuzete → *Späuzete*.

Speyer *šbaiv* PLANKST. – ON: Stadt am Rhein, in Rheinland-Pfalz gelegen ODZVK. 6, 50; *Sust e brave Heer un gschickt, er schriibt si vo Spiir her, ehnen am braite Rhii* HEBEL 54, 25; Ra. (urspr. wahrsch. auf Abgaben an die Speyerer Obrigkeit bezogen): *Des is for die Schbeiermer Gäns ‚das ist völlig umsonst, vergeblich'* BRÄUTIGAM SO 126, ähnl. TREIBER 57, FREI SCHBR. 153, HUMBURGER 174, H. SCHMITT[2] 119; Kindervers: *Hopp hopp hopp mei Geld is fort / in Speyer lie't mein Ranze / geh mer weg du bucklich Krott / ich mag nit mit dir danze* SCHICK 58. – Weiteres → *Gans 1a*. – Pfälz. 6, 265; Südhess. 5, 1167.

Speyerer *šbaivmv* PLANKST. – m.: 1) ‚Bewohner der

Stadt Speyer' TREIBER 76. – 2) ‚Traubensorte grauer Ruländer'; *speierer* FRIESENHM/BADENER LAND 1922, 192; *speiermer* Breisgau/eb.; in wenigen Orten im Breisgau J. METZGER Weinb. 113; benannt nach dem Kaufmann J. Ruland aus Speyer, vgl. *Ruländer*. – Weiteres → *Drusen 3, I lachen 1a*. – K. Müller Weinb. 709.

Spezel *šbēdsl* mancherorts in ganz N- und Mittelbaden; *šbētsl* MÖHRGN, STOCKACH. – m.: ‚intim, enger, guter Freund; Kumpel, Trinkgenosse' PLATZ 303, HETTGN, MANGOLD 41, MEIS. WB. 176, BRÄUTIGAM So 126, HERWIG-SCHUHMANN 118, LENZ 3, 12, FREI SCHBR. 153, MENZGN, FITTERER 241, BURKART 120, RUF 36, G. MAIER 140, BAYER 64, LAHR, FLEIG 120, A. MÜLLER I, 113, FUCHS 63; *Des isch si Schbeezl* BRAUNSTEIN RAA. 28; *dī dsweĩ sen šbēdsl* ROEDDER VSPR. 531; *wu si woll all nookumme sen, moi Schbeezl vun der Schul?* HUMBURGER 174; auch iron.: *D'r Herr Amtsriechder, mi Speez'l* GANTHER STECHP. 20. – Verkürzt aus *Spezial* < spätlat. *specialis* ‚vertrauter Freund'. – Fischer 5, 1521; Pfälz. 6, 266; Schweiz. 10, 671; Südhess. 5, 1167.

spezen → *spauzen, späuzen*.

Spezerei *šbedsvrái* HANDSCH. – f.: ‚Gemischtwarenladen' LENZ WB. 66; auch scherzh. → *Spitzbuberei* genannt LENZ 4, 9. – Mhd. *spec(i)erīe*, zu mlat. *speciaria*. – DWb. 10/1, 2198; Fischer 5, 1521; Schweiz. 10, 668; Südhess, 5, 1168.

Spezerei-laden „*Schbezòrīlaadè*" BIETIGHM; „*Schbezereilade*" SANDW., FREIB. – m.: dass. wie → *Spezerei* RITTLER 129, G. MÜLLER 36. – Vgl. *Kauf-, Kramladen*. – Pfälz. 6, 267.

Spezi *šbēdsi* FÖHRENT., FREIB.; Pl. wie Sg. – m.: 1) dass. wie → *Spezel* MANNHM, 1940 FREIB.; *mi Schbezi* REUTE (EMM.). – 2) ‚Schafname' 1920 FÖHRENT. – Zur Wortbildung vgl. → *Spezel*. – DWb. 10/1, 2201; Schweiz. 10, 671; Südhess. 5, 1168.

Spezialität f.: 1) ‚Besonderheit'; *do gebt's jo noch so e' paar Spezialidäde* BRETL 8. – 2) ‚Delikatesse, außergewöhnliche Speise'; *no bisch platt, was für e Huffe Spezialitäte 's git* JUNG BRÄGEL 113. – DWb. 10/1, 2202.

Spezial-name *šbetsiālnamə* SAIG. – m.: ‚Spitz-, Schimpfname' (?) 1971 eb.

Spezials-matten Pl.: FlN, Wiesen in HASLACH (FREIB.); laut BAD. FLURN. I 3, 235 nach einer „Spezialhypothek" benannt.

speziell *šbedsiəl* REUTE (EMM.). – Adj.: ‚besonders' eb. – DWb. 10/1, 2202; Pfälz. 6, 267.

Spezies f.: ‚Dukaten' E. SCHNEIDER DURL. – Fachspr. f. voll ausgeprägte Geldstücke, i. Ggs. zu Scheinen oder grob geprägten Münzen. – DWb. 10/1, 2203; Els. 2, 553; Fischer 5, 1522; Schweiz. 10, 672.

Spezies-rechnen n.: ‚die (vier?) Grundrechenarten'; *ein Hauptkerl im „Spezis- und Kopfrechnen"* SEEB. (WOLF.)/HANSJAK. ERZB. 417. – DWb. 10/1, 2203 (unter *Spezies 4*).

spezifizierlich Adv.: ‚einzeln aufgeführt, spezifiziert'; *[seine Renten] specificirlich anzugeben* ÜBERL. STEUERORDN. 6. – Schweiz. 10, 672.

† **Spich** m.: abgegangener FlN, 1. Hälfte 15. Jh. STEINMAUERN Seelbuch/FREIB. DIÖZ. ARCH. 2001, Nr. 48, vgl. *Römer*. – Viell. zu → *Specke*. – DWb. 10/1, 2213; H. Kraemer, Steinmauern. Geschichte eines Flößerdorfes, Rastatt 1926, S. 43.

spichen → *speien*.

Spicher → *Speicher*.

Spich-wärtel → *Speicherwärtel*.

Spick-acker m.: FlN SCHLATT U. K.; 1564 *1 J an dem spickh Ackher* W. SCHREIBER ZW. 604. – Zu → *Specke?*

Spickel *šbigl* HETTGN, OSTERBURKEN, HEIDELBG, RAPP.; *šbigl* MÜNCHW., um ISTEIN; Dim.: *šbigələ* HANDSCH. – m.: 1) a) ‚keilförmiger Einsatz an Kleidungsstücken', dass. wie → *Speidel 4* HETTGN. – b) ‚keilförmiger Ausschnitt am unteren Teil des Hemdes' OSTERBURKEN, MEIS. WB. 177, LENZ I, 45. – c) ‚Übergang von der Ferse zum Vorderteil des Strumpfes' SCHWENDEMANN ORT. 1, 82. – 2) ‚dreieckiges Rebstück, in dem nicht alle Zeilen parallel laufen' ISTEIN, RHEINWLR, KIRCHEN (EFRGN)/KRÜCKELS 79; *si loufə jn šbigl* eb.; vgl. *Krapfen 3*. – Zu lat. *spiculum* ‚Spitze'. – DWb. 10/1, 2214; Fischer 5, 1522; Schweiz. 10, 101; Südhess. 5, 1169.

spickeln *šbiglə, -j-* vereinz. NW- und Mittelbaden von MANNHM über EBERB. bis HONAU, ZELL A. H.; Part.: *gšbigld* SCHWETZGN. – schw.: ‚heimlich, neugierig, unerlaubterweise schauen, spähen' BRÄUTIGAM So 127, EBERB. GESCHICHTSBL. 1953, 21, GÖTZ 50, WAGNER 186, BURKART 224, HARTMANN 164; *gugg mòòl, wiòr hingòrm Vorhäng'gl schbiggld* RITTLER 130; *si werde durs Schlüsselloch gspicklət!* JUNG BRÄGEL 57. – Zu Syn. vgl. *spicken*. – Pfälz. 6, 267; Südhess. 5, 1169.

spicken *šbigə, -j-* WERTHM, O.SCHEFFL., RAPP., Kurpfalz, FEUDENHM, um KARLSR., O.WEIER (RAST.), KAPPELWI., verbr. Ortenau, im Hochschwarzwald entlang der Wasserscheide von TRIBG bis ST. MÄRGEN, FREIB., FELDBG, LÖRRACH, SUNTHSN; *šbegə* verbr. Hanauerland, KIPPENHEIMWLR, GRISSHM; *šbigv* HOCHSTET. (LINK.), JÖHLGN, REUTE (EMM.); *šbikə, -kk-* RADOLFZ., KONST., Part.: *gšbigd* O.SCHEFFL., RAPP. – schw.: 1) ‚Fleisch mittels einer → *Spicknadel* mit Speck durchziehen' FREI SCHBR. 154, SCHWARZ 77, G. MAIER 140, ELLENBAST 67. – 2) a) ‚werfen' SEELB., HORNBG (SCHWWALDB.), SCHMIDER KK 91, G. MAIER 140; *šdęi šbiggə* BERGHAUPTEN u. ö. in der Ortenau, ST. MÄRGEN; *dō hedr d šualdašə jn də ega gšbigd* FREIAMT; ‚nach hängendem Obst mit Steinen werfen' ETTHM, HARTMANN 166, SCHECHER 156; Kinderspiele: ‚den Ball (zielend) werfen' APPENW., SCHONACH; ‚Spiel, bei dem mit Nüssen, Kastanien oder Kugeln auf ebensolche, aufgereihte Objekte geworfen wird' RHEINBISCH.; *Role špike* ‚die grünen Früchte von Kartoffelstauden mittels Ruten schleudern' O. FWGLER 110, STRUBE WESCH 34, MEIER WB. 123. – b) ‚einen Speer werfen' HONAU/HARTMANN 166; ‚mit einem spitzen Gegenstand aufspießen' SCHECHER 156. – c) ‚schnipsen' GRISSHM. – 3) a) ‚erstaunt schauen, große Augen machen' LENZ WB. 66, RHEINBISCH., KORK, BURKART 224, BRAUNSTEIN N I, 13, BAYER 65, SCHWENDEMANN ORT. 3, 90, BECK 147, FREIB./BAD. HEIM. 1920, 128; *du wirst spicken!* E. STRAUSS MENSCHENW. 235; *du wirst mal spicke, was i dr mitbracht ha* ALBRECHT HS.; *dō hot v gšbigt* ‚da hat er aufgemerkt' MEIS. WB. 177; *henn do die Fabrikante g'schpickt* HÖHN MEI PFORZE 61; Ra.: *gell, do spicksch?* KARLSR./BAD. HEIM. 1916, 55, so u. ä. in ganz Baden: HETTGN, ROEDDER VSPR. 531, HUMBURGER 174, G. MAIER 140, SCHONACH, O.GLOTTERT., FREIB., SUNTHSN, ELLENBAST 67, JOOS 100, O.WEIER (RAST.)/ZFDMU. 1916, 287, FELDBG/MARKGR. 1971, 149. – b) ‚verstohlen, heimlich schauen, (in der Schule) abschreiben' PLATZ 303, ROEDDER VSPR. 531, LIÉBRAY 277, FREI SCHBR. 154, GÖTZ 50, WAGNER 186, SCHWARZ 77, HARTMANN 166, SCHECHER 156, METRICH 168, BAYER 65, FLEIG 120, G. MAIER 140, SEELB., ETTHM, SCHWENDEMANN ORT. 3, 90, FREIB., BECK 147, EGGENSTEIN, KARLSR./BAD. HEIM. 1916, 55, HEI-

DELBG/eb. 1917, 80; *au der spikt* ‚er schaut verbotenerweise beim Versteckspiel' FEUDENHM; ... *bloß wäg sin häd ins Härzgräbli schbigge lau, häd er si gwiß id gnomme* STRUBE TÄIK 111. – **c)** ‚umherschauen, spähen' FREI SCHBR. 154, JOOS 100. – Mhd. *spicken* ‚mit Speck bestecken, mit etwas gut versehen'; bei Bed. 3 ist Einfluss von *spähen* möglich (KLUGE²² 686). – Weiteres → *III Beutel 1, gelten 5a, Schiff 1c*; vgl. *abspicken*; vgl. zu Bed. 2 *bengeln, schmeißen*, zu Bed. 3 *I gückeln, lugen, schauen, spickeln*. – DWb. 10/1, 2214; Els. 2, 536; Fischer 5, 1522; Pfälz. 6, 267; Schweiz. 10, 96; Südhess. 5, 1169.

Spicken-kopf FlN → *Kopf 3eγ*.

Spicken-öl ‚Lavendelöl' → *Spikenöl*.

Spicker *šbígυr* EBERB.; *šbegυ* KARLSR.; *šbigǝr* HAAGEN; Dim.: *špíkrle* SCHOLLACH. – m.: **1) a)** ‚Murmel, Kugel oder große Nuss', u. a. für das unter → *spicken 2a* beschriebene Spiel RHEINBISCH., 2001 ORTENBG. – **b)** ‚kurzer, spitzer Stab für ein Wurfspiel'; *Spieker* TIENGEN (FREIB.)/E. H. MEYER 60. – **c)** nur Dim., ‚Fadenspule, mit der gespielt wird' SCHOLLACH. – **d)** ‚Fingerschneller ans Ohr' 1948 HAAGEN. – **2) a)** ‚einer, der heimlich schaut, abschreibt' KARLSR.; Spitzname für einen Mann, der oft hinter dem Vorhang hervorschaut EBERB. – **b)** dass. wie → *Spickzettel* KARLSR. – Vgl. *Wandspicker*; für Syn. zu Bed. 1 vgl. *Kugel, Marbel, Schneller 4a*. – DWb. 10/1, 2221; Els. 2, 536; Fischer 5, 1523; Pfälz. 6, 268; Schweiz. 10, 100; Südhess. 5, 1169.

Spick-hebel(n)s *šbeghęwls* ALTENHM. – n.: ‚ein Kinderspiel, bei dem ein spitzer Stock unter Zuhilfenahme eines anderen Stocks so lange wie möglich in der Luft gehalten werden muss' FOHRER 122. – Vgl. *Ringelspickis*. – Els. 2, 62 *(Spickbengels)*.

Spickis ‚Spiel' → *Ringelspickis*.

Spick-kugel *šbikᵇöwl* AUENHM. – f.: ‚gläserne Spielkugel zum Schnellen' MENG 191. – Bestimmungswort zu → *spicken 2a*. – Für Syn. vgl. *Kugel, Marbel, Schneller 4a*.

Spick-nadel *šbignǫdl* OFTERSHM. – f.: ‚spitzes Küchenwerkzeug zum Einziehen von Speckstreifen in Fleisch' FREI SCHBR. 154. – Zu → *spicken 1*. – DWb. 10/1, 2221; Fischer 5, 1524.

Spick-zettel *šbigdsedl* MANNHM, OFTERSHM; *špiktsętl* FREIB. – m.: ‚Papierblatt mit Notizen als (verbotenes) Hilfsmittel bei Prüfungen' BRÄUTIGAM SO 127, FREI SCHBR. 154, KARLSR./BAD. HEIM. 1916, 55. – Zu → *spicken 3b*. – Vgl. *Spicker 2b*. – DWb. 10/1, 2222; Els. 2, 916; Fischer 5, 1524; Pfälz. 6, 268; Südhess. 5, 1170.

Spieg → *verspiegt*.

Spiegel *šbīχl, -i-* um WERTHM, HETTGN, Taubergrund; *šbīγl* O.SCHEFFL., ÖSTRGN, im südl. Kraichgau; *šbigl* Kurpfalz, EBERB., SANDHSN, RAPP., ROHRB. (EPP.), MÖRSCH; *šbīγl, -i-* OFTERSHM, PLANKST., BRUCHSAL u. westl. davon, ROHRB. (EPP.); *špīјl* ZAISENHSN; *šbīl* OTTERSD.; *šbīgl* O.WEIER (RAST.); *šbiǝg(ǝ)l, -iv-* um AU (PFORZH.), SANDW., APPENW., OTTENHM, REUTE (EMM.), ERDMANNSWLR, FÖHRENT., GÜTENB.; *šbīәg(ǝ)l* O.SCHOPFHM, SAIG, ISTEIN; *šbīәgǝl* KAPPELWI., SCHENKENZ., MÜHLGN, REICHENAU, KONST.; *šbiǝγl* FORB.; *šbīәχl* um URLOFFEN; *šbēјl* HONAU; *šbīәjl, -il* um KORK; *šbēәil* ALTENHM; *šbēәgl, -éә-* KIPPENHEIMWLR, JECHTGN, GRISSHM; *špiǝg(ǝ)l* um ESCHB. (WALDSH.), vereinz. Hegau; Dim.: *šbīɣәlә* O.SCHEFFL.; *šbīχәlә* HETTGN; *šbigilә* RAPP.; *šbīәgәlә* KAPPELWI. – m.: **1)** ‚Gegenstand mit glatter Fläche, die das vor ihr Befindliche reflektiert' PLATZ 303, HEILIG GR. 41, LENZ WB. 66, TREIBER 63, MEIS. WB. 178, P. WAIBEL 73, O. SEXAUER 14, BAUR 72, RUF 36, MENG 67. 79. 168, G. MAIER 140, KILIAN 41, BRUNNER 115, W. ROTHMUND 10, BESCH 45, KIRNER 381, E. DREHER 43, W. SCHREIBER 41, JOOS 193, ZAISENHSN/ZFD MU. 1908, 66, OTTERSD./eb. 1914, 344, MANNHM/BAD. HEIM. 1927, 253; *Gugg nedd sou ofd änn dä Schbijjl, dess mechdi aa nedd scheenä* DISCHINGER 184; *hòsch dèn Schpièģèl soo vètòòpèt* ‚Fingerabdrücke darauf hinterlassen' ELLENBAST 79; Vergleiche und Ra.: *so glatt wie 'n Schbiggl* LEHR KURPF.² 142; *In ään nōigugge wie in en Schbiggl* ‚von jemandem eingenommen sein' BRÄUTIGAM MACH 116 u. ö.; ... *säll schdeggsch der gwiß id hinder de Schbiägl* gesagt, wenn etwas Unrühmliches passiert ist STRUBE TÄIK 18, ähnl. PLATZ 303, LITTERER 318, BRÄUTIGAM MACH 116, O.WEIER (RAST.)/ZFDMU. 1916, 287; Rätsel: *Wer ist hochmütigst in der Kirch? - Der Lehrer, er luegt in die Spiegel* (beim Spielen an der Orgel) 1895 RIEGEL/UMFR.; der Sp. ist verbr. Gegenstand des Aberglaubens: *wammer en Schbiggl verbreche* (zerbrechen) *dhud, gibt's e Leicht* (→ *Leiche*) LEHR KURPF.² 142; *mer soll e Kind net in de Schbiggl gucke lasse eb's e Johr alt isch*, sunscht werds arrig stolz eb.; *węr naxtš naĩ də šbīγl gukt, der gukt m daifl naĩ də ārš* ROEDDER VSPR. 531; in ANDELSHFN soll ein im Stall aufgehängter Spiegel das Hereinkommen von Hexen verhindern E. H. MEYER 560; vgl. auch → *Berg-, Weltspiegel*. – **2) a)** ‚glänzende Fläche am Ärmel infolge des Rotzabstreifens'; *šbiχəli* HETTGN, BURKART 197. – **b)** ‚Ende der → *Gondel* (Fischerboot)' MÖKING 18. – **c)** ‚die helle Fläche am Hinterteil des Rehs' SAIG/ECKERLE; vgl. *Rehfüdle*. – **d)** ‚keilförmiges Stück Tuch als Einsatz' LIÉBRAY 277, vgl. *Spickel*. – **e)** in der Wendung: *Spiegel werfe oder schmeiße* ‚Steine über das Wasser hüpfen lassen' EPPGN/TEUTH. 3, 186. – **3) a)** FlN; *spig'l* HANDSCH./BAD. FLURN. III 4, 66; 1724 *Wgt. im Spiegel* eb.; 1464 *a am reghen hag ... zů rin uff dem spiegel von nüwenburg* MÜLLHM/W. FISCHER 200; 1784 *im Reckenhag, das Spiegele genannt* eb.; *Spiegels Loch*, Schauplatz einer Sage NECKARAU/BAD. HEIM. 1927, 280. – **b)** Hausn. FREIB.; 1452 *zum hohen Spiegel* und weitere Bel. mit anderen Attributen K. SCHMIDT HAUSN. 128. – **c)** FN, nach 1809 bei Juden v. a. in N-Baden gebr., aus Hausname entstanden DREIFUSS FN JUD. 101. – **d)** Kuhname, *špīgel* BIBERACH, ST. GEORGEN I. SCHW./ZFDW. 11, 304; Rindername BIRND./UMFR.; Ochsenname FÖHRENT., WOLFHAG. – Ahd. *spiegal*, zu lat. *speculum*, mhd. *spiegel*. – Weiteres → *vertlugen, lugen, schepp, siebenzig*; vgl. *Augen-, Beicht-, Pfauenspiegel* (unter *Pfau*), *Eulen-, Immen-, Wannenspiegel*. – DWb. 10/1, 2222; Els. 2, 535; Fischer 5, 1524; Pfälz. 6, 268; Schweiz. 10, 59; Südhess. 5, 1170.

Spiegel-berg m.: **1)** Burgstall bei Roggenbeuren; 1263 *Spiegelberch* KRIEGER 2, 1031. – **2)** Hausn. FREIB., Herrenstraße 23; 1460 *zum spiegelberg* K. SCHMIDT HAUSN. 128. – Zu lat. *specula* ‚Warte'; der Hausname ist vermutlich durch einen entsprechenden FN entstanden; vgl. *Spielberg*. – DWb. 10/1, 2242; Pfälz. 6, 270; Schweiz. 4, 1562; Südhess. 5, 1171.

Spiegel-bild n.: ‚Abbild dessen, was sich vor einem → *Spiegel 1* befindet'; *uf di viela Spĭchelbilder* LINDELB./MEIN HEIMATL. 1933, 369. – DWb. 10/1, 2243; Pfälz. 6, 270.

Spiegel-ei n.: ‚in die Pfanne geschlagenes, unverrührtes, gebratenes Ei'; Pl. *špeïlejr* ALTENHM/FOHRER 87. – Für Syn. vgl. *Ochsenauge 2*. – DWb. 10/1, 2244; Pfälz. 6, 270; Südhess. 5, 1171.

Spiegel-fechterei f.: ‚ablenkendes Verhalten'; *Schbivglfachterei* REUTE (EMM.). – DWb. 10/1, 2248; Fischer 5, 1525; Pfälz. 6, 271.

spiegel-glatt *šbiglglad* SANDHSN; *šbeegǝlglad* MÜNCHW. – Adj.: ‚sehr glatt, von Eis überzogen' 1996 MÜNCHW.; *die Schdrooß isch schbigglgladd* LEHR KURPF. 115; vgl. Ra. unter → *Spiegel 1*. – Vgl. *sauglatt*. – DWb. 10/1, 2252; Fischer 5, 1526; Pfälz. 6, 271; Südhess. 5, 1171.

Spiegel-halde f.: FlN; Geländename in Hölzlebruck, Ortsteil von NEUST., wohl namensgebend für das dort seit dem 14. Jh. bezeugte Bauern- und Wirtshaus *Zur Spiegelhalde*, das als bedeutender Herkunftsort der Träger des FN *Spiegelhalder* bzw. *-halter* gilt BAD. ZTG 19.11.2021; Straßenname in STÜHLGN. – Bezeichnung für einen der Sonne zugewandten Hang. – Vgl. *Sommer-, Sonnhalde*.

Spiegel-halter FN, verbr.; Wohnstättenname, nach einem, der an der → *Spiegelhalde* wohnte KUNZE HOTZENWALD 205. – Vgl. *Winterhalter*.

Spiegel-karpfen *špeəgəlkårbf* WEISWEIL (EMM.); *šbīəgəlkhā'bfə* REICHENAU. – m., f. (WEISWEIL (EMM.)): Tiern. ‚Fischart aus der Familie der Karpfen, Cyprinus carpio', Zuchtform mit nur sehr wenigen Schuppen SCHRAMBKE FLUSSFISCHER 351, MÖKING 53. – Vgl. *Karpfen*. – DWb. 10/1, 2255; Fischer 5, 1526; Pfälz. 6, 271.

Spiegel-meise f.: Tiern. ‚eine Meisenart'; *Spiegelmaise* KONST.; Dim.: *spiegelmeisle* WILLARGN/UMFR. – Vgl. *Meise*. – DWb. 10/1, 2257; Schweiz. 4, 466; Fischer 5, 1526.

spiegeln *šbīɣlə* O.SCHEFFL.; *šbiglə* um SCHWETZGN, SANDHSN; *šbēəjlə* ALTENHM; *šbíjlə* KORK; *šbêəglə* KIPPENHEIMWLR; *šbing(v)lv* Kaiserstuhl, REUTE (EMM.); *šbiəglə, -īə-* APPENW., ISTEIN, LÖRRACH, SCHOPFHM, KONST.; Part.: *gšbīɣlt* O.SCHEFFL.; *gšbivgələt* REUTE (EMM.). – schw.: **1) a)** ‚ein Spiegelbild erzeugen' FREI SCHBR. 154, LIÉBRAY 278, JOOS 193. – **b)** refl., ‚sich im Spiegel betrachten' LEHR KURPF.² 143. – **c)** ‚Licht reflektieren, blenden' GÖTZ 50, FREI SCHBR. 154; ‚Lichtkringel mit einem Spiegel an Wand oder Decke werfen', um Leute zu necken ROEDDER VSPR. 531, vgl. *Sonnenvogel 2*. – **2)** refl. ‚etwas zum Vorbild nehmen'; *sich drä schbiggle* LEHR KURPF.² 143. – **3)** ‚angeben, prahlen, auffällig zeigen' G. MAIER 140, NOTH 466, GLATTES 17, BECK 151; vgl. *spienzeln*. – Mhd. *spiegeln*. – Vgl. *Vorspiegelung*. – DWb. 10/1, 2257; Fischer 5, 1526; Pfälz. 6, 271; Schweiz. 10, 71.

Spiegel-netz *šbīəgəlneds* GREFFERN; *šbēgəl-* HELMLGN; *šbīgl-* DIERSHM; *šbīəglneds* ALTENHM; Pl. wie Sg. HELMLGN. – n. ‚dreiwandiges Stellnetz', Fischerspr. FLUCK 198.

spiegel-rot Adj. ‚glänzend, intensiv rot' APPENW.

Spiegel-schrank *šbīglšroyk* EBERB. – m.: ‚kastenartiges Möbelstück mit eingearbeitetem → *Spiegel 1*' 1949 eb. – DWb. 10/1, 2267.

Spiegel-schwabe m.: ‚einer der Sieben Schwaben aus dem gleichnamigen Schwank', dessen Name auf → *Spiegel 2a* referiert; *der laatschig Schpichelschwob* NADLER 171. – Fischer 5, 1526.

Spiegels-gütle n.: FlN, Lehengut BÖHRGN; 1555 *6 Manngrab im Fleckhen, an des Mesmers vnnd Spiegelsgüettlin* HEGAU-FLURN. VII, 90.

Spiegels-wasen m.: FlN FREIB.; 1608 *von der Brente auf eine hohe Eck, heißt Spiegels Wasen* BAD. FLURN. I 3, 235. – Wahrsch. zu einem FN *Spiegel*.

Spiegel-tanz m.: ‚Kirchweih-Tanz, bei dem ein auf einem Stuhl sitzendes Mädchen mit einem → *Spiegel 1* in der Hand durch Zunicken einen der hinter ihr vorbeiziehenden Burschen zum Tanzpartner wählt' MÜHLHSN (WIESL.)/UMFR., MEIN HEIMATL. 1931, 75. – Pfälz. 6, 271; Südhess. 5, 1171.

Spiel *šbil* WERTHM, STOCKACH, KONST.; *šbīl* O.-SCHEFFL., verbr. NW-Baden, RAPP., ROHRB. (EPP.), MÖRSCH, O.WEIER (RAST.), SANDW., SCHENKENZ., ERDMANNSWLR, ST. GEORGEN (FREIB.), GUTMADGN; *šbī̃l* EBERB., entlang des Rheins von DAXLANDEN bis BREISACH, verbr. Breisgau, LÖRRACH; *špil* MÖHRGN, SINGEN A. H.; *špīl* ESCHB. (WALDSH.); Pl.: *šbīlər* O.SCHEFFL.; *šbīlv* RAPP.; *šbīl(ə)r* KAPPELWI., LÖRRACH; *špīlər* ESCHB. (WALDSH.), RÜSSWIHL; *špilr* MÖHRGN; *šbīlər* STAHRGN. – n.: **1) a)** ‚zweckfreie Tätigkeit zum Zeitvertreib oder zur Unterhaltung', meist nach Regeln PLATZ 303, LENZ WB. 66, FREI SCHBR. 154, LIÉBRAY 278, MEIS. WB. 178, BURKART 263, BAUR 55. 258, SCHRAMBKE 98, BESCH 25, KLAUSMANN 31, BECK 189, W. ROTHMUND 16, KIRNER 72. 248, KRAMER GUTMADGN 279, W. SCHREIBER 15, FUCHS 11b, JOOS 104, RAPP./ZF HDMU. 2, 252, RÜSSWIHL/MEIN HEIMATL. 1937, 210; 1553 *nit mehr tanzen noch die speli* (nach anderer Schreibung: *speil*) *gehen lassen* ÜBERL. STADTR. 251. 728; 1696 *spielger* ‚Spielchen' ELIS. CHARLOTTE/LEFEVRE 128; *S isch do bloß e Spiel* BRETL 52; *Wëll Schbüll schbüülä mä dänn? Faddäliss, Moddäliss, Kinnäliss, ... DISCHINGER 184; de hämer amol e so Schpiler gmacht an de Sundige: Räie, Räie Rose, Blindi Kua ...* O. FWGLR 69; *des išmər ə šbīl* ROEDDER VSPR. 531; *'s Schbiel isch koo(n) Kunscht, aw(er) 's Ufheere* LITTERER 317. – **b)** ‚Gegenstand (Karten-, Brettspiel), der zum Spielen gebraucht wird' PLATZ 303, O.WEIER (RAST.)/ZFDMU. 1916, 287; *ə špīl khatə* MEIS. WB. 178. – **c)** ‚Laientheater zu einem kirchlichen Anlass'; 16. Jh. „Fronleichnamsspiel" FREIB./ZGO 17, 65. – **d)** ‚das Bedienen eines Musikinstruments' REICH WANDERBL. 107, Satz unter → *regieren*. – **2)** sinnbildlich: ‚ein Vorhaben, eine Konstellation oder einen Ereignisablauf mit ungewissem Ausgang'; Ra.: *alläs uffs Schbüll seddsä* FREI SCHBR. 154; *ebbes uff's Schbiel sezze* LITTERER 317; *oom's Schbiel v(er)de(r)we* eb.; *mit em Schbiel sei(n)* eb.; *gudi Mien zum beese Schbiel mache* eb.; *ə bees (abkardeds, gwǭds, ǖsgmǫxts) šbīl* O.WEIER (RAST.)/ZFDMU. 1916, 287; Sprichw.: *Luschdig (guet) glebt un selig gschtorbe / isch om Deifel 's Schpüül vedorbe* SCHMIDER KK 2, 28. 31. – **3) a)** ‚eine (bestimmte) Menge' WIBEL MU. III, 19, BRUHR. 157, O.WEIER (RAST.)/ZFDMU. 1916, 287. – **b)** ‚ein Satz Stricknadeln (fünf Stück), der zum Stricken eines Strumpfes nötig ist' EBERB. GESCHICHTSBL. 1953, 8, FREIB.; 1711 *seine spel* (‚Nadel', → *Spelle 2*) *auß dem spiel ziehen* ELIS. CHARLOTTE/LEFEVRE 345. – **4)** ‚eine zusammengehörende Gruppe'; *sie waren ein Spiel*, von neunzehnjährigen Rekruten gesagt BUCHHOLZ; vgl. *spielen 4b*. – **5)** ‚freie Bewegung, → *Spielraum*' ZELL-WEIERB.; *des hed ə wiŋ šbīl* 2022 FREIAMT. – Mhd. *spil*. – Weiteres → *Fall 2a*, *verhöhnen, König 1c, regieren, I selig 1a*; vgl. *Bei-, Bier-, Poppen-, Dreikönigs-, Topp-* (unter *topfen 2*), *Dubel-, Turn-, Volks-, Vor-, II Ge-, Geigen-, Geld-, Gevätterle-, Glocken-, Götzen-* (unter *Götz 2*), *Hackerles-* (unter *Hacker 3a*), *Hexen-, Kaiser-, Karten-, Kegel-, Kinder-, Kirch-, Kreuzle-, Krippen-, Leut-, Luft-, Menschen-, Mühlen-, Münkel-, Narren-, Rad-, Rößle-, Rugel-, Schatten-, Scherben-, Schlüssel-, Scholder-, Wochen-, Wolf-, Zitronenspiel*; dazu Kinderspiele (in Auswahl): *ballen 1* (darunter diverse Ballspiele), *Tanzbär 2, Teufel 9, Eckentreiberles, Engel 2, Fangerles, Versteckerles* (unter *versteckeln*), *Hochzeit 8, Hopserles, Jäger 1, Kappenballerlens, Käsdruckerles, Mutterles, Räuberles, Reißerles, Reiterles, Sackhopsens, Schinkenklopfens, Schlitzerles, Schnellerles, Seilhopfens, Soldäterles, Wasserreiterles*; vgl. *Fickmühle, Schach*; mancherorts wird syn. → *I Gespiel* verwendet. – DWb. 10/1, 2275; Els. 2, 537; Fischer 5, 1532 (*Spil*); Pfälz. 6, 272; Schweiz. 10, 116; Südhess. 5, 1171.

Spiel-berg m.: **1)** ON; Dorf im Albtal südl. von Karlsruhe, seit 1971 Ortsteil von Karlsbad; 1281 *daz dorf ze*

Spilberch KRIEGER 2, 1031; Neckname der Bewohner: →
Göckler 2. – **2)** FlN; Name verschiedener Örtlichkeiten:
1341 *an dem spilberg* KIECHLINSBERGEN/TENNENB. GÜ-
TERB. 47; 1341 ... *hinder sp. 4 mh. acker u. reben, an dem
sp.* ZÄHRGN/eb.; *šbīlbarg* Örtlichkeitsname in REICHENB.
(FREIAMT). – Zur Deutung des Bestimmungsw. gibt es
verschiedene Ansätze, möglich ist eine Kontraktion aus →
Spiegelberg oder ein Bezug zu ahd. *spil* ,Spiel', zur Bezeich-
nung eines Platzes, an dem kultische Spiele stattfanden;
zu diesen und weiteren Deutungen vgl. DIEMER ON 61.
– DWb. 10/1, 2322; Fischer 5, 1533 (unter *Spil*); Pfälz. 6, 270 (unter
Spiegelberg).
    Spiel-bogen m.: FlN; Geländestück in KOMMGN/BAD.
HEIM. 1973, 235. – Benennung nach der Geländeform.
    Spiel-brett n.: **1)** ,Platte aus Holz o. ä. mit einem gra-
fischen Spielplan für Brettspiele (Schach, Dame etc.)'
verbr. – **2) a)** FlN; Name verschiedener Geländestücke:
1569 *2 J.agkers das Spilbreth gen.* SCHIENEN/BAD. HEIM.
1973, 235; 1758 *1 äckerle beym spilbrett genandt* SCHLATT
U. K./W. Schreiber Zw. 604f., hierzu auch der *Spielbrett-
graben* ,Abfluss des Spielbrettgeländes' eb. 605. – **b)** Haus-
n. FREIB.; 1460 *zum Spilbrett* K. SCHMIDT HAUSN. 129. –
Mhd. *spilbrët*. – DWb. 10/1, 2322; Schweiz. 5, 909.
    Spiel-bube *šbīlbüǝ* AUENHM. – m.: ,Rekrut am Tag der
Musterung' MENG 186; Brauchtum hierzu wird beschrie-
ben in BAD. HEIM. 1928, 255, NEUMÜHL/MEIN HEIMATL-
L. 1930, 18f. – Bestimmungsw. zu → *spielen 4b*, das sich
auf die früher übliche Praxis des Auslosens bei der Rekru-
tenaushebung bezieht. – Vgl. *Spieltag*. – Els. 2, 5.
    Spiel-diener FN: 1933 MERZHSN. – Zur Tätigkeits-
bez. eines Unterhalters privilegierter Kinder? Vgl. DWB.
10/1, 2324.
    Spiel-eckle n. (Dim.): ,kleine, abgetrennte Fläche,
wo Kinder spielen und ihre Spielsachen aufbewahren';
Schbīleckli REUTE (EMM.).
    spielen *šbīlǝ* verbr. NO-Baden, Kurpfalz, vereinz.
Kraichgau, entlang d. Rheins von DAXLANDEN bis GREF-
FERN und von ALTENHM bis KAPPEL A. RH., vereinz.
an unterer Murg und Oos, Breisgau, entlang des öst-
lichen Schwarzwaldrandes von SCHENKENZ. bis WAL-
DAU; *šbīlǝ* verbr. nördl. u. mittl. Schwarzwald, Ortenau,
Breisgau, Markgräflerland; *šbīǝlǝ, -iǝ-* LICHTENAU, NEUW.,
Hanauerland; *šbēǝlǝ* HONAU, FREISTETT, HELMLGN; *šbēlǝ*
WAGSH., MARLEN, LEGELSH., ALTENHM, KIPPENHMWLR,
OPFGN, GRISSHM, O.EGGENEN, ISTEIN, ADELSHN; *šbēlǝ*
JECHTGN; *špīlǝ, -ī-* mittl. Schwarzwald um ST. GEORGEN,
Hochschwarzw., Hotzenwald, vereinz. Dinkelberg, ver-
einz. um MESSK.; *šb-, špilǝ, -i-* verbr. Baar, Klettgau, He-
gau, Bodanrück, Linzgau, Part.: *gšbīlt* O.SCHEFFL., RAPP.;
gšbilt O.WEIER (RAST.), KONST. – schw.: **1)** ,eine Tä-
tigkeit oder Bewegung, die keinen praktischen Zweck
verfolgt, zum Zeitvertreib und aus Freude an der Sa-
che ausüben' PLATZ 303, H. SCHMITT² 91, FREI SCHBR.
154, LIÉBRAY 278, HEBERLING 22, BAUR 270, WAHR
10. 27. 41, SCHRAMBKE 125, MENG 191, KLAUSMANN
BR. 26, KIRNER 242, JOOS 104, E. DREHER 24 (aber
häufiger → *geschäfferlen*), O.SCHOPFHM/ZFHDMU. 1, 305f.
– **a)** von Kindern: ,Tätigkeiten der Erwachsenen spie-
lerisch nachempfinden, Kinderspiele machen'; *Schbülsch
midd?* DISCHINGER 184; *mid ǝm šbīlǝ* LEIPFERDGN; *im Froijǝ
schbīlǝ* SCHWENDEMANN ORT. I, 53; *ǝm sǝnd šbēlǝ* JECH-
TGN; *balis, fanis, feršdegis, suǝchis šbīlǝ* (oder → *machen I2i*) JÄ-
GER 9, ähnl. ROEDDER VSPR. 531; *d Kinder schbīlv Fangis*
REUTE (EMM.); *mit bobǝ šbīlǝ* ,mit Puppen spielen' MEIS.
WB. 178; *mr schbüli Kugilis* BRAUNSTEIN RAA. 19; dass.:
hedsǝlis (→ *Hätzele*) *šbīlǝ* WERB.; *Kâlb, Kuǝ, Ogs spielen* ,einen
Stein übers Wasser springen lassen' HOLZHSN (KEHL);
Doktèrlis schpilè ELLENBAST 14; *Raiwer un Gendarm schbiele*
LEHR KURPF.² 142; *eylǝndvlǝs un bürvlǝs špīlǝ* ,Engländer
und Buren spielen' HEIDELBG; *My Wigeli / 's Zornigeli
/ Het mit de Püppli gspüeli* BAUM DIPFILI 15; Ra.: *kjndr
m'ǝn gšbīld hā*, auch spöttisch über Erwachsene gesagt, die
nicht angemessen sorgsam mit etwas umgehen ETTHM. –
b) von Erwachsenen: ,die Zeit vertreiben, Gesellschafts-
spiele (Brett- oder Kartenspiele) machen'; *khatǝ šbīlǝ* (bei
Kindern dagegen *daū* ,tun') MEIS. WB. 178, ähnl. ROED-
DER VSPR. 531; Ra.: *s gēt bīm wj gšbīlt* ,es geht bei ihm wie
gespielt' O.WEIER (RAST.)/ZFDMU. 1916, 287. – **c)** von
jungen Tieren, insbes. Katzen: ,Körperfunktionen spiele-
risch erproben, balgen'; *si šbīlǝ* TIENGEN (FREIB.); verbr.
in ganz S-Baden/SSA-AUFN. 68/5; vgl. *gaukeln 1b, gaulen,
gaupeln, I geilen, gopeln*. – **2) a)** ,sich nicht ernsthaft mit et-
was beschäftigen'; *Mr schbüild nid mit em Für* SCHUTTER-
WALD; *em beschde schbielt, wer ga(r) nedd schbielt* LITTERER
318; *Spil, dass widr ärnscht sī kascht!* KRAMER GUTMADGN
279. – **b)** ,einen Streich ausführen', in Wendungen wie *er
hot'ǝrǝ en Duck* (→ *Tuck 2*) *schbiele wolle* LEHR KURPF.² 142,
ähnl. MEIS. WB. 178, ROEDDER VSPR. 531; *ǝm n Bossǝ* (→
Possen 1) *šbīlǝ* STOCKACH/HEGAU 1972f., 192; vgl. *Tort.* –
c) ,etwas vortäuschen, so tun als ob'; *Sie schbielt die Madam*
LEHR KURPF.² 142. – **d)** ,etwas bewegen, etwas tun'; *er
schbielt'em ebbes in d' Hand* ,er lässt ihm etwas zukommen'
LEHR KURPF.² 142. – **3) a)** ,ein Instrument bedienen,
ein Musikstück aufführen'; *uf dǝ Gīg schpīlǝ* SCHWENDE-
MANN ORT. I, 54, ähnl. MEIS. WB. 178; *glaftǝršbīlǝ* KET-
TERER 41. – **b)** ,im Theater eine Vorstellung geben, eine
Rolle ausüben'; *Was schbiele sie heit im Theater?* LEHR KUR-
PF.² 142; Ra.: *Des schbielt kā Roll* ,das ist unbedeutend'
eb. – **c)** ,Musik wiedergeben', von Geräten gesagt; *Mir
hènn en Grammyfoon / de gitt kchain lutte Toon / är frißt ünn
suuft itt vyyl / ünn spült mit Gfüül* SCHÄUBLE WEHR 39. –
4) a) ,einen Einsatz in einem Glücksspiel tätigen' O.-
WEIER (RAST.)/ZFDMU. 1916, 287. – **b)** ,sich zur Mus-
terung begeben, Rekrut sein' HEBEL III, 187; um 1900
„badisches Unterland"; 19. Jh. *sich frī spile* ,bei der Aushe-
bung zum Heer das Los spielen' ALBRECHT HS.; *midänandr
šbīlā* ,zusammen zur Rekrutenaushebung gehen' ETTHM,
BREMGARTEN; *si müßǝ špīlǝ* TENINGEN, ähnl. MEIS. WB.
178; *hed ēr scho gschbüild?* ,war er schon bei der Musterung'
FLEIG 63; *solange ... gefestet, gespielt und gemustert wird* BUR-
TE WILTF. 322; vgl. *Spielbube*. – **c)** ,den Militärdienst
ableisten'; *Was macht au dr Guschtl? Wie gohts em? Schpielt
'r immer noch bi de 113er?* (veraltet) A. MÜLLER I, 101. – **5)**
von Sachen: ,freie Bewegung haben', beispielsweise vom
Zünglein an der Waage LENZ WB. 66b; vgl. *Spiel 5.* – Wei-
teres → *Theater, Venedig 1, Gaul 1b, Indianer, Jäger 1, Kind
1a, Kuh 2bγ, II Leiden 2a, Meerrettich, Näpper, I Reif, Rolle
5, I Roß 2, Schnurrengeige, Soldat 2, Spielraum, Spuk, Student*;
vgl. *aus-, ver-, vor-, Klavier-, Lotteriespielen*; Syn. zu Bed. 1a:
*dättelen, tänderlen, gäckelen, gäckerlen, gefräulen, gevätterlen, go-
len, hammeln, kasperlen, kindelen, schäffelen.* – Mhd. *spil(e)n.*
– DWb. 10/1, 2325; Fischer 5, 1534; Pfälz. 6, 273; Schweiz. 10, 171;
SDS V, 74; Südhess. 5, 1173.
    Spieler *šbīlǝr, -v* O.SCHEFFL., OFTERSHM; *špīǝlǝr* FRIE-
SENHM; *šbīlr* LENZK.; *špilǝr* ESCHB. (WALDSH.); *šbil(ǝ)r, šp-*
MÖHRGN, LIGGERSD., KONST.; Pl. wie Sg. – m.: **1)** ,wer
leidenschaftlich Karten- oder Glücksspiele spielt' ROED-
DER VSPR. 531, LIÉBRAY 278, W. ROTHMUND 10, KIR-

NER 72, JOOS 104, E. DREHER 58; *un di äldə šbīlr bšīsə das əs ən élend išt* KETTERER 19. – **2)** ‚Mitglied einer Sportmannschaft'; *wenn ... oiner weiter vorne steht wie alle annere Spieler* BRETL 51. – **3)** ‚das wandernde Kind im Spiel „Alle Scheren ringeln sich"' FRIESENHM; vgl. *Schere 1a.* – Vgl. *Geigen-, Orgel-, Salonspieler.* – DWb. 10/1, 2388; Fischer 5, 1537; Pfälz. 6, 275; Schweiz. 10, 187; Südhess. 5, 1176.

Spieler-bendel „*Schbīlorbäinel*" OTTERSD. – m.: ‚Band aus Krepppapier' RUF 36; nicht näher bezeichnet, zur Kennzeichnung eines Mannschaftsspielers? – Zum Grundwort vgl. → *Bendel 1.*

Spielerei f.: ‚angenehm empfundenes, nicht ernstzunehmendes Tun'; „*Schbīlerei*" REUTE (EMM.); *aus „Spielerei" geboren, bezeichneten mehrere alte Ziegler die Verzierungen und Schreibereien auf den Dachziegeln* WERTHM, BUCHEN/OdZVk. 1, 9; vgl. *Sonne 3.* – DWb. 10/1, 2391; Pfälz. 6, 275; Schweiz. 10, 189; Südhess. 5, 1176.

Spiel-feld n.: FlN; ein Gewann SÖLLGN (RAST.). – Fischer 5, 1533 (*unter Spil*); Pfälz. 6, 275; Südhess. 5, 1176.

Spiel-finken *šbīlfinkhə* MALSCH (ETTL.). – Pl.?: FlN eb.; 1724 *oben den waldt spilfinckhen* E. SCHNEIDER FlN. MALSCH 112. – Etym. unklar.

Spiel-gasse → *Spielweg.*

Spiel-geschirrle n. (Dim.): dass. wie → *Spielsache*; *Spielgscherrle* SÖLLGN (DURL.). – DWb. 10/1, 2396; Els. 2, 430; Schweiz. 8, 1173.

Spiel-grund FlN → *Spülgrund.*

Spiel-hammer m.: Hausn. FREIB.; 1722 *Hus genant zum Spihlhammer im Ratshofgässlin* K. SCHMIDT HAUSN. 129. – Benannt nach dem Hammer des Glockenspiels.

Spiel-hof m.: **1)** FlN; Name verschiedener Örtlichkeiten: 1338 *matten zu Wylpthal am Sp.* WILDT./BAD. FLURN. I 3, 235, weitere Belege aus WENDLGN, O.RIMSGN, PFAFFENWLR/eb.; 1341 *in dem spilhof* ST. GEORGEN (FREIB.)/ROOS 393; 1344 *Ein hus l bi der pfisteri ist an die strasse vor dem spilhove* EBRGN (FREIB.)/eb.; 1357 *an dem spilhofe* WOLFENWLR/eb.; 1450 *am spilhoff* WALTERSHFN/eb.; *d šbīlhēf* (Pl.) WALTERSHFN; dazu die FlN *šbīlhofərə*, amtl. *Spielhofern* MENGEN/eb. – **2)** Hausn. FREIB.; 1561 *zum Spilhof* K. SCHMIDT HAUSN. 129. – Zu mhd. *spilhof* ‚Theater im Freien', der Beleg aus WILDT. ist Verkürzung aus → *Spitalhof* SCHAU-INS-LAND 1964, 66, der Beleg aus MENGEN ist zu einem weibl. PN zu stellen. – DWb. 10/1, 2402; Schweiz. 2, 1033.

Spiel-icksel *šbīlīgsl* O.SCHEFFL. – m.: dass. wie → *Spielratz* ROEDDER VSPR. 531.

spielig *šbīli* O.SCHEFFL.; -*liχ* RAPP., -*liš* HEIDELBG; -*lig* MÖRSCH; *šbīliš* OFTERSHM. – Adj.: **1)** ‚verspielt, zum Spielen geneigt' ROEDDER VSPR. 513, MEIS. WB. 177, LIÉBRAY 277, HEIDELBG/BAD. HEIM. 1917, 86. – **2)** ‚nicht zu ernster Arbeit taugend', tadelnd ROEDDER VSPR. 513, HEIDELBG/BAD. HEIM. 1917, 86. – Vgl. *kostspielig*; vgl. *verspielen 2.* – DWb. 10/1, 2402; Els. 2, 539; Pfälz. 6, 276; Schweiz. 10, 189; Südhess. 5, 1176.

Spiel-jockel m.: dass. wie → *Spielratz* KÖNIGHM/MEIS. HK. 42. – Bestimmungswort zu → *Jockel 3.* – Vgl. *Gauljockel.* – Pfälz. 6, 276; Schweiz. 3, 26; Südhess. 5, 1176.

Spiel-karte *šbīlkordə, -kōdə* um OFTERSHM, PLANKST.; -*kādə* MANNHM; *šbil-* NEULUSSHM, SCHWETZGN; *špilχārtə* ESCHB. (WALDSH.). – f.: ‚Teil, einzelnes Blatt, eines Kartenspiels' BRÄUTIGAM So 127, FREI SCHBR. 154, W. ROTHMUND 32. – Vgl. *Karte 1.* – DWb. 10/1, 2403; Fischer 5, 1538; Pfälz. 6, 276; Südhess. 5, 1177.

Spiel-katze f.: ‚Kind, das ständig spielt'; *aldi Spielkatz!* (tadelnd) GANTHER STECHP. 57. – Vgl. *Spielicksel, -jockel, -mock(e), -ratte, -ratz.* – DWb. 10/1, 2404; Els. 1, 485; Pfälz. 6, 276; Schweiz. 3, 593; Südhess. 5, 1177.

Spiel-lohn *šbīllōn* SCHOPFHM. – m.: ‚Bezahlung der Musikanten'; *Spiellohn erhalten Musikanten für ein Extrastück mit Gesang, am Tisch gespielt*, Hansjakob, Wilde Kirschen, Stuttgart 1921, S. 364.

Spiel-mann m.: ‚Musikant'; Ra.: *Si hän jetze siwe Burschd - viär Buawe un dre-i Maidli. M'r sait, des git dre-i Donzede* (vgl. *Tanzete* ‚Tanzpaar') *un ä Schbīlmonn* MEIER WB. 49; aus Tanzliedern: *Herr Spielmann, Herr Sp., / Wo waren Sie so lang ...* MÜNZESHM/SCHLÄGER 35; *Alti, bach Kiechlin! / Jungi, trag auf! / Spielmann, mach auf!* FRICKGN/eb. 47. – Weiteres Fiedelbogen. – DWb. 10/1, 2408; Els. 1, 686; Fischer 5, 1538; Pfälz. 6, 276; Schweiz. 4, 279.

Spielmännin-matten Pl.: FlN LEHEN; 1723 *der Spüllmännin matten* BAD. FLURN. I 3, 130.

Spielmanns-bach m.: FlN, Name eines Baches MALSCH (ETTL.); 1438 *bitz an Spilmans bach* E. SCHNEIDER FlN. MALSCH 112.

Spielmanns-hof m.: FlN, Hofn. ORSGN; 1477 *hof so Jacob Rästli buwet vnd innhat gen. Spilmans hof* HEGAU-FLURN. 1, 49.

Spiel-mock(e) „*Schbielmoug*" SANDHSN. – f.: ‚Kind, das gern und viel spielt', tadelnd LEHR KURPF.[2] 142; *Du bisch e aldi Spielmoug* eb. – Grundwort zu → *II Mocke* ‚Muttersau'. – Vgl. *Spielkatze.*

Spiel-platz m.: ‚Fläche, auf der Kinder spielen können', in der Regel mit Einrichtungen/Geräten; *Schbīlplątzli* (Dim.) REUTE (EMM.). – DWb. 10/1, 2413.

Spiel-ratte f.: dass. wie → *Spielratz*; *Schbīlrattə* REUTE (EMM.).

Spiel-ratz *šbīlrads* RAPP., MÖRSCH, HOCHSAL, KLEINLAUFENBURG; -*rāds* HETTGN. – m.: ‚Person (Kind oder Erwachsener), die viel und leidenschaftlich spielt' MEIS. WB. 177f. – Zum Grundwort vgl. → *Ratz.* – Vgl. *Spielkatze.* – DWb. 10/1, 2414; Els. 2, 311; Fischer 5, 1539; Pfälz. 6, 277; Schweiz. 6, 1916; Südhess. 5, 1177.

Spiel-raum m.: ‚begrenzter Raum, in dem eine (gewisse) Bewegung stattfindet'; *Windv un Gwind, wu gschbīlt hän im Schbīlraim* REUTE (EMM.). – Vgl. *Spiel 5.*

Spiel-sache *šbīlsax* BIETIGHM; Pl.: *šbīlsaxə* O.SCHEFFL.; *špilsaxə* SINGEN A. H.; Dim.: *šbīlseχlə* O.SCHEFFL. – n., meist Pl.: ‚Spielzeug' ROEDDER VSPR. 531, HEIDELBG, SÖLLGN (DURL.), RITTLER 130, W. SCHREIBER 15. – Zum Genus des Grundworts vgl. *Sache 1.* – DWb. 10/1, 2416; Fischer 5, 1539; Pfälz. 6, 277; Schweiz. 16, 896; Südhess. 5, 1178.

Spiel-tag m.: ‚Tag der Musterung' Hardt/BAD. HEIM. 1928, 255. – Vgl. *Spielbube.* – DWb. 10/1, 2420.

Spiel-uhr f.: **1)** ‚Orchestrion' U.KIRNACH. – **2)** ‚Spieldose'; aus einem Nachlassverzeichnis aus dem Jahr 1773: *1 Spieluhre* ZVkFREIB. 41, 83. – DWb. 10/1, 2422; Pfälz. 6, 277; Südhess. 5, 1178.

Spiel-verderber *šbīlfərdęrəwər* O.SCHEFFL.; *šbīlfərderbv* OFTERSHM. – m.: ‚eine Person, die Spiele oder Pläne durch negative Einflussnahme stört oder vereitelt' ROEDDER VSPR. 531, LIÉBRAY 278. – DWb. 10/1, 2422; Pfälz. 6, 277; Schweiz. 13, 1433; Südhess. 5, 1178.

Spiel-weg *šbīlwęg* WIEDEN. – **1)** ON; Ortsteil von Münstertal eb. – **2)** m.: FlN; Name verschiedener Wege und Straßen; 1327 *an dem spilwege* HOLZHSN (EMM.)/ROOS 393; 1341 *harea una an dem spilweg* O.-BERGEN/TENNENB. GÜTERB. 39; 1464 *am spilweg* MÜLLHM/W. FISCHER 200, später auch als *Spielgasse* bezeichnet: 1789 *an der Spiel-Gaß* eb. – Bestimmungswort viell. zur Sitte der musikalischen Begleitung von Hochzeitsgesellschaften durch eine Musikkapelle auf dem Weg zur Kirche; weitere Deutungen vgl. ZfdAlt. 61. 83f.

Spielwerks-brücke f.: Brücke auf dem Weg zw. Moos (Bühl) und Hildmannsf.; 1837 *Spielwerbsbr.* neben *Spulwerksbruck* Bad. Flurn. I 2, 20.

Spiel-zeug *šbīldsaig* Rapp., Mörsch; *-dsīg* O.weier (Rast.), Münchw. – n.: ,Sachen zum Spielen', insbes. für Kinder Schwendemann Ort. 2, 24, O.weier (Rast.)/ZfdMu. 1916, 326; *Sehnt der's schöni Spülzüüg do?* Baum Dipfili 14. – Syn. *Dududili, Gäckele-, Gevätterlezeug, Spielgeschirrle, Spielsache*. – DWb. 10/1, 2429; Fischer 5, 1540; Pfälz. 6, 278; Schweiz. 17, 732; Südhess. 5, 1178.

spienze(l)n *šbēəndslə* Münchw., Jechtgn; *šbięn(d)slę, -lə* Ringshm, Etthm, Riegel, Steinen, Lörrach, Schopfhm; *šbīvndslv* O.rotweil; *šbięndsə* Bötzgn; *bšēənslə* [!] Grisshm. – schw.: **1)** ,etwas prahlerisch vorzeigen, in der Absicht, Neid zu erwecken' Schwendemann Ort. 1, 24, Ziegler 19, Brunner 271, Claudin 254, Meis. VW. 38, Beck 151, Glattes 17; *spinsele* (sagen Kinder) Albrecht hs.; *ich schbiánzlá mi näiá Gravadd* ,ich gebe mit meiner neuen Krawatte an' Noth 466. – **2)** ,neugierig, suchend schauen'; *Wie spienzle si* (die Kinder beim Suchen der Ostereier) Baum Dipfili 10. – Herkunft unklar; in Schweiz. 10, 392 wird vermutet, dass verschiedene Etyma hinter den beiden Bedeutungen stecken. – Vgl. *spiegeln 3*. – ALA I, 301; DWb. 10/1, 2430; Els. 2, 545; SDS V, 106.

Spier(e) *šbīre* Umk., Opfgn; *špīre* Steinen, mancherorts Wiesental; ,,*Spier*'' Konst.; Dim.: *šbīrle, -ə* Ottersd., O.weier (Rast.); *šbiərle* Wagsh., Hesselh.; *šbīrli* Appenw., Lahr, Reute (Emm.), Vögishm; Dim.-Pl.: *šbīrle* Wyhl, Lehen. – f.: Tiern., für Schwalben- und Seglerarten 1920 Wyhl, Opfgn; ,,braune Schwalben'' 1921 Lehen; bes.: **1)** ,Turm-, → *Mauerschwalbe*, Apus apus' Steinen/Meis. VW. 38, Wiesental/Mitteil. 1914, 331, Lahr/eb. 1919, 80. – **2)** ,Rauch-, Feldschwalbe, Hirundo rustica' G. Maier 140, Reute (Emm.), Vögishm/Alem. 25, 112. – **3)** ,Mehl-, Dachschwalbe, Delichon urbicum' Ruf 36. 40. – **4)** ,Uferschwalbe, Riparia riparia' O.weier (Rast.)/ZfdMu. 1916, 287, 19. Jh. Konst. – Zu mhd. *spīre* ,Spier-, Turmschwalbe', s. a. → *II Speier*. – Vgl. *Gespir*; vgl. *Heuerling 5*. – DWb. 10/1, 2432; Els. 2, 546; Schweiz. 10, 448.

Spierlins-rain m.: FlN; eine Lehmwand, in der Mauerschwalben nisten Lahr/Mitteil. 1919, 80. – Bestimmungsw. zu → *Spier(e)*.

Spier-schwalbe *šbīršwálbə* Lörrach. – f.: Tiern., dass. wie → *Spier(e)*, Name für Schwalben-/Seglerarten Beck 76f. – DWb. 10/1, 2436; Els. 2, 524; Fischer 5, 1504 (*Speierschwalbe*).

Spieß *šbīs, -ī̯-* verbr. in N-Baden; *šbiəs, šp-* Reute (Emm.), verbr. südl. Markgräflerland, Hochschwarzwald in einem Gebiet zw. Stegen, Bubenb. und Lenzk.; *špīəš* Eschb. (Waldsh.), Möhrgn, Singen a. H.; *šbīəs* Erdmannswlr, Sunthsn, Mühlgn, Konst.; *šbis* Urach, Schollach, Sunthsn; Pl.: *spiəsə* Eschb. (Waldsh.); Dim.: *šbīslə* O.scheffl. – m.: **1) a)** ,vorn zugespitzte Stichwaffe mit langem Schaft' Platz 304, Roedder Vspr. 531b, Liébray 278, O. Sexauer 104, Besch 45, W. Rothmund 13, Kirner 384, W. Schreiber 42, Joos 193, Zaisenhsn/ZfdMu. 1907, 279; Ra.: *brille wie em Schbieß* Litterer 318, ähnl. Eberb., Lenz Wb. 66f., Burkart 69, Bräutigam Mach 116; *de Schbieß rumdrehe* eb., ähnl. Litterer 318, Reute (Emm.); *der geht hinner sich naus, wie die Bauere den Spieß trage*, d. h. ,rückwärts hinaus' (vgl. → *hinter-sich*), viell. in Anspielung auf die Sieben Schwaben 1895 Werthm/Umfr.; gehört zur Ausrüstung des Feldhüters (→ *Bannwart*) Krückels 136; *Frili isch kai Bammert cho, / Kein mit Fegge, kein mit Spieße* Burte Mad. 13; auch ,Nachtwächterspieß' Sunthsn. – **b)** ,langes, spitzes Besteck, das in der Küche Verwendung zum Durchstoßen von Nahrung findet' Mühlgn; *šbiss* ,Bratspieß' (im Unterschied zu *šbiəss* ,Nachtwächterspieß', vgl. etym. Angaben) Sunthsn. – **c)** ,Deichsel' 1895 Dertgn/Umfr. – **d)** ,Stecken, der beim Schlittenfahren verwendet wird' Meis. Wb. 177a. – **e)** ,Stricknadel' verbr. im Hochschwarzwald in einem Gebiet zw. Stegen, Furtwangen, Bubenb. und Lenzk./Rü. Hoffmann 67, Hänel 77, St. Märgen/Schulheft 1968, 35. – **2)** ,Staubblatt der Blume Flammendes Herz, Dicentra spectabilis' Freib./Mitteil. 1915, 376. – **3) a)** FlN, Acker; 1610 *auf den Spieß* E. Schneider Hilz. 176; mu.: *im šbiəs* eb.; vgl. *Spießacker*; Wald mit Sumpfwiese; 1801 *der Spieß gen. ... vornen an das Kazenthaler Feld* Gottmadgn/Bad. Heim. 1973, 242. – **b)** Hausn. Freib.; 1460 *zum Spiß* (Fischerau 24) K. Schmidt Hausn. 129; 1565 *zum Spieß* (Universitätsstr. 6) eb. – **4)** ,Feldwebel' Horn Soldatenspr. 55; *un der Hoiner isch sogaa Schbieß enere Adolleriekaserne* Humburger 174; *dr Schpieß un dr Schpinner* (= Offizier)*, die passe uff* Brossmer 10. – Etym.: *Spieß* als Waffe zu mhd. *spiez*, ahd. *spioz*, während *Sp*. in der Bed. ,Bratspieß' auf mhd./ahd. *spiz* ,Spitze' zurückzuführen ist, vgl. → *Bratspiß*; Bed. 4 nach Kluge 687 entweder zum Offiziersdegen oder zu gaunersprachlich *ospis* ,Wirt'. – Weiteres → *Feldwebel 1, Lichtputzschere*; vgl. *Knebel-, Küchle-, Maus-, Reis-, Saumocken-, Schwartenmagen-, Schwein-, Weinspieß*. – DWb. 10/1, 2437; Els. 2, 549; Fischer 5, 1527; Pfälz. 6, 279; Schweiz. 10, 548. 559; Südhess. 5, 1179.

Spieß-acker m.: FlN; identisch mit dem unter → *Spieß 3a* genannten Acker E. Schneider Hilz. 176; 18. Jh. *der Spießackher ohngefähr 6 J. groß* eb.; auch in Münchhöf belegt Bad. Heim. 1973, 242. – Benennung nach der spitz zulaufenden Geländeform, vgl. *Gehren 3*. – Pfälz. 6, 280; Südhess. 5, 1180.

Spieß-bürger m.: ,langweilige, rückständige Person'; *d Schbivssbirgr* Reute (Emm.). – DWb. 10/1, 2455.

spieß-eckig *šbīsegi(t)* O.scheffl.; *šbīsekix̣* Handsch.; *šbēəsegig* Merdgn. – Adj.: ,dreieckig zulaufend'; *en schbießeggider Agger* Humburger 174; von einem Rebstück Höfflin 228; von Zimmern Roedder Vspr. 531b, Lenz 2, 19b. – Bestimmungswort zu mhd./ahd. *spiz* ,Spitze'. – DWb. 10/1, 2456; Els. 1, 27 (*-eckicht*); Fischer 5, 1529; Pfälz. 6, 280; Schweiz. 1, 158.

I **Spießen** ,Holzsplitter' → *Speiß(en)*.

II **Spießen** *špīəsə* Bonnd. (Überlgn). – m.: ,Befestigungskeil aus Holz' eb./SSA-Aufn. 172, 6. – Schweiz. 10, 557 (*Spissen*).

spießen *šbīsə* Mörsch, Rapp.; Part.: *gšbīst* eb. – schw.: **1)** ,mit einem Spieß durchstechen' Fitterer 241b; auch im übertr. Sinn: einer der → *spießig* war, hat nach *jedem Häfvkäs gschbivsst un gschdupft* Reute (Emm.). – **2)** ,sich mit Hilfe eines Spießes beim Schlittenfahren fortbewegen' Meis. Wb. 177; vgl. *Spieß 1d*. – DWb. 10/1, 2457; Fischer 5, 1529; Pfälz. 6, 281; Südhess. 5, 1180.

Spießer *šbīsv(r)* Eberb., Jöhlgn; *šbiəsər* Reute (Emm.), Sexau. – m.: **1) a)** dass. wie → *Spießbürger* Reute (Emm.). – **b)** ,dünne, hagere männliche Person' Jöh-

www.ingramcontent.com/pod-product-compliance
Lightning Source LLC
Chambersburg PA
CBHW082053230426
43670CB00016B/2876